Spiro Art

Malen mit Spiralen

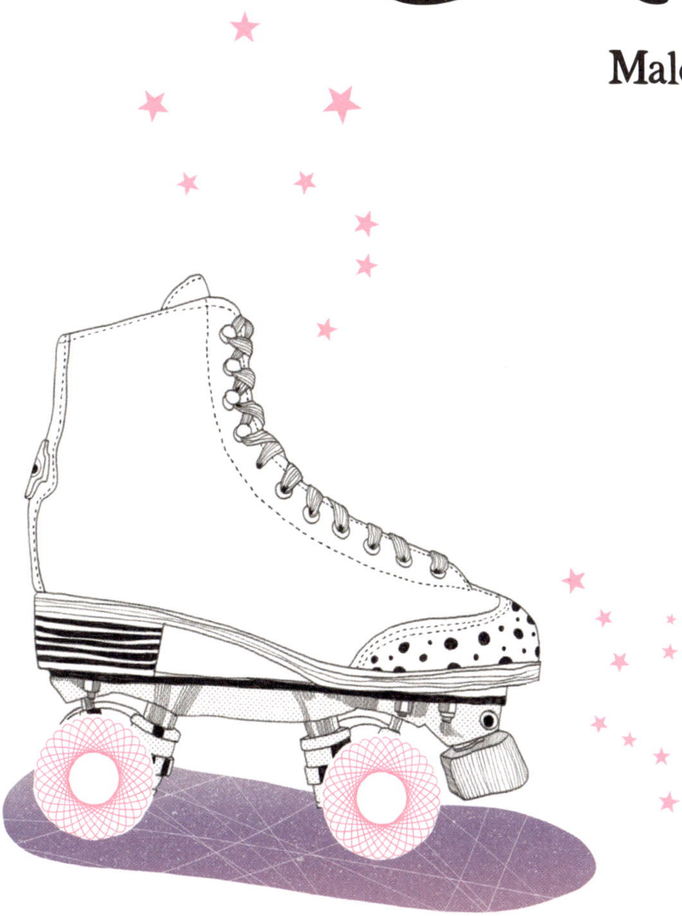

Inhalt

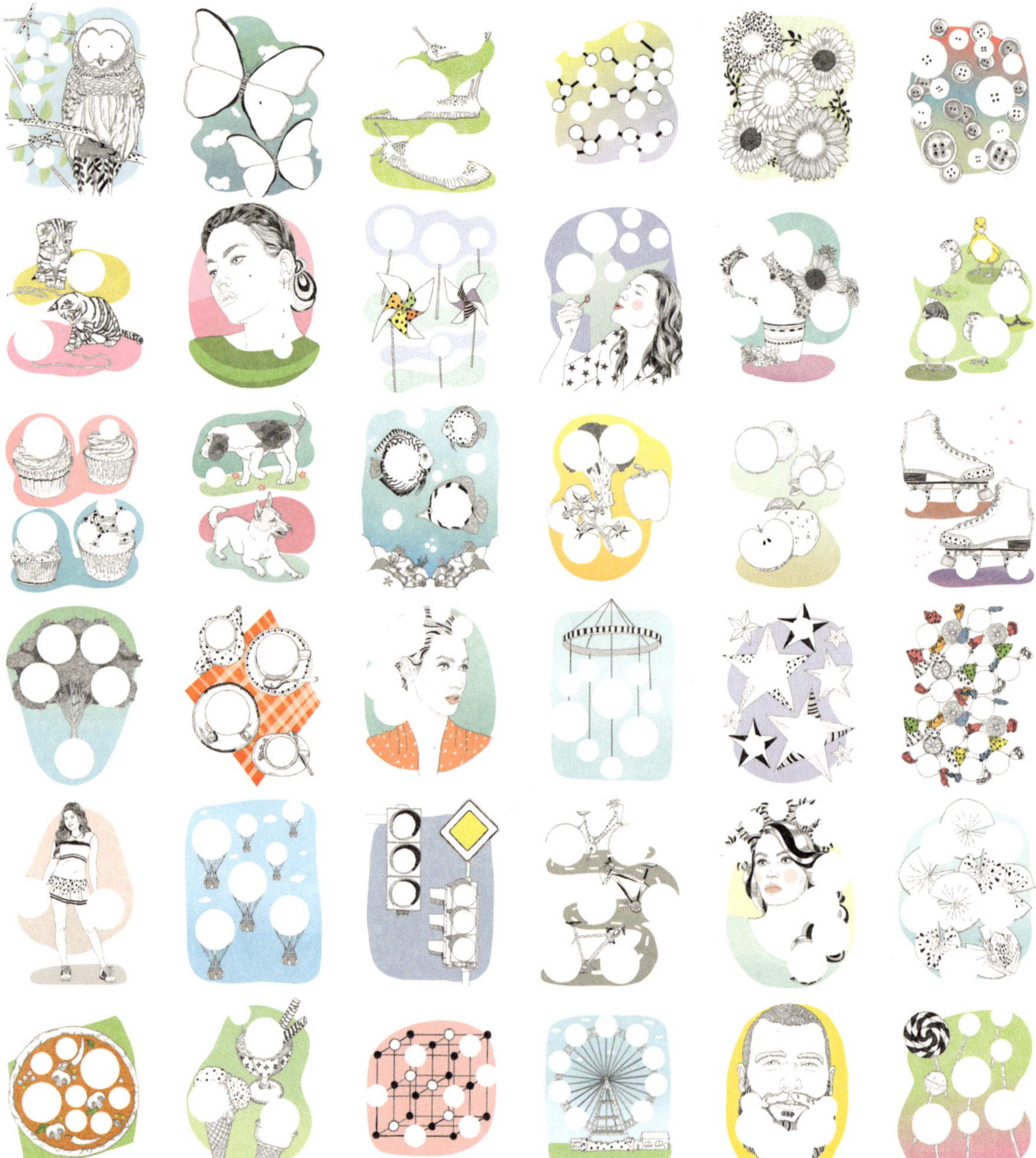

Vorwort

„I'm spinning around" und das können Sie ganz wörtlich nehmen, beziehungsweise fast wörtlich.
Denn hier drehen Sie sich nicht im Kreis, sondern Sie drehen die Zahnräder des Spiralenzeichners so lange im Kreis, bis wunderbare Spiralen und hypnotische Mandalas entstanden sind.

Dieses faszinierende Zeichenwerkzeug ermöglicht jedem wunderbare Kunstwerke zu kreieren. Die Motive in diesem Buch warten darauf mit den verschiedenen Spiralen, die mit den drei beiliegenden Zahnrädern entstehen, vervollständigt zu werden. Nutzen Sie Kugelschreiber, Buntstifte oder auch Filzstifte, alles ist erlaubt – verwenden Sie die Stifte, mit denen Sie sich am wohlsten fühlen.
Mit etwas Übung und einem lockeren Handgelenk kommen Sie zu einem fantastischen Ergebnis. Platzieren Sie die Schablone auf dem gewünschten Motiv, legen ein Zahnrad in die Kreismitte und setzen den Stift in eines der Löcher und fahren Sie am Rand der Schablone entlang – jedes Loch liefert ein anderes Ergebnis. Um noch mehr Farbe ins Spiel zu bringen, kolorieren Sie die Motive an...

Viel Spaß, denn JETZT GEHT`S RUND!

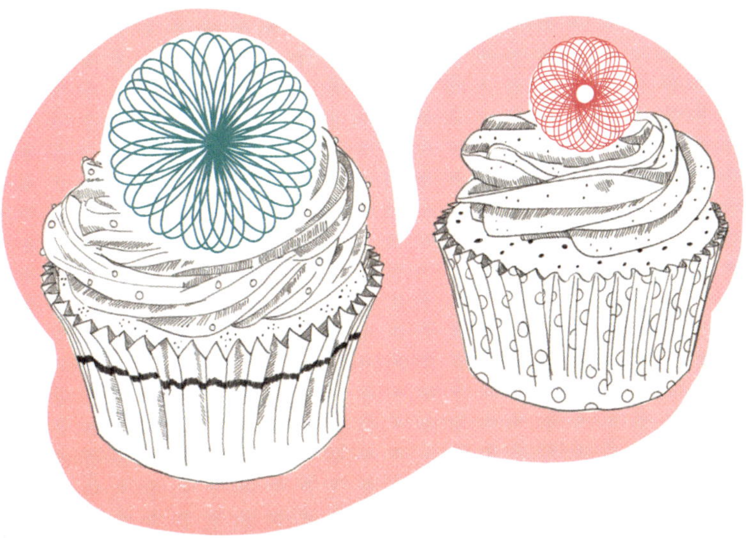

Spektakuläre Spiralen

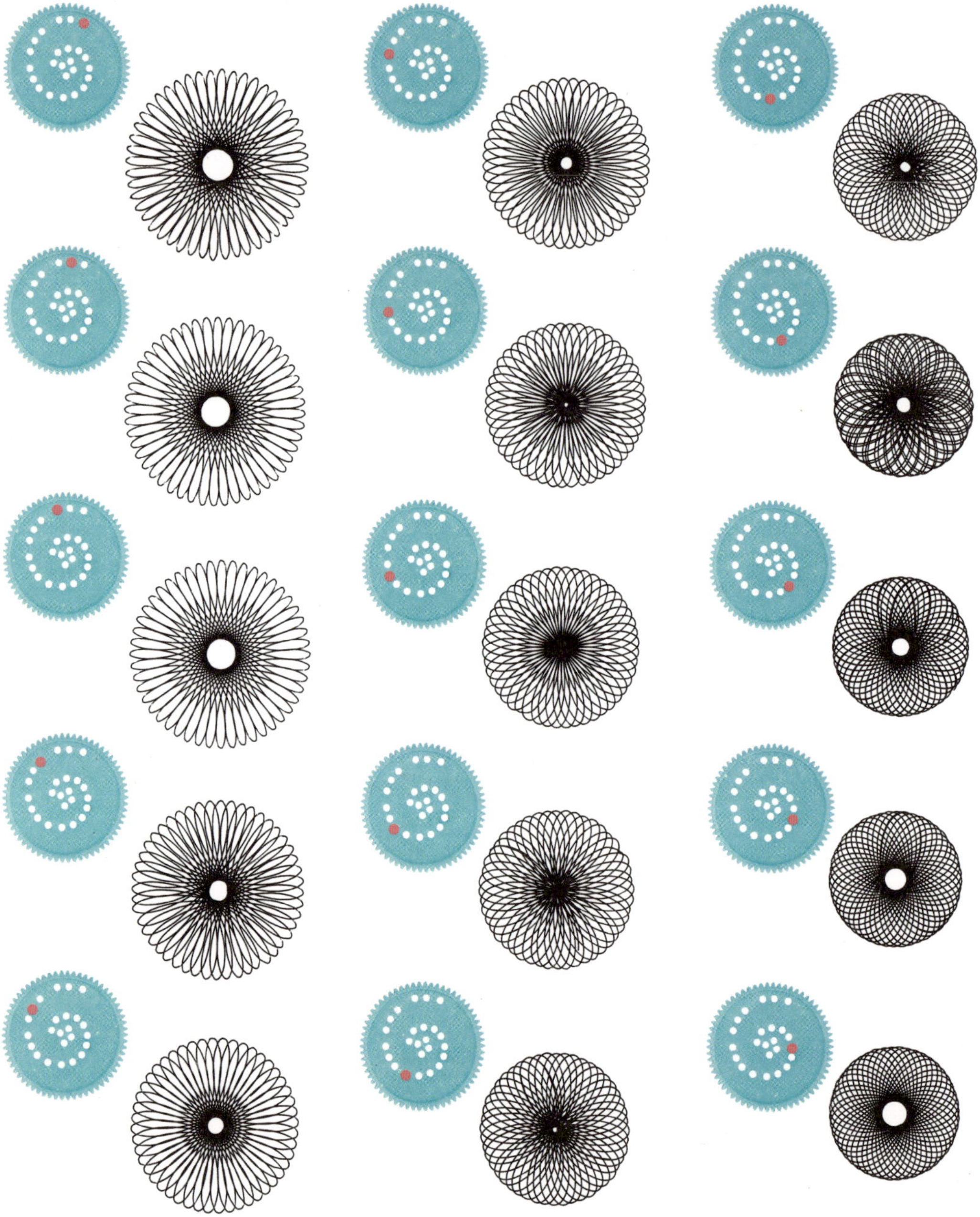

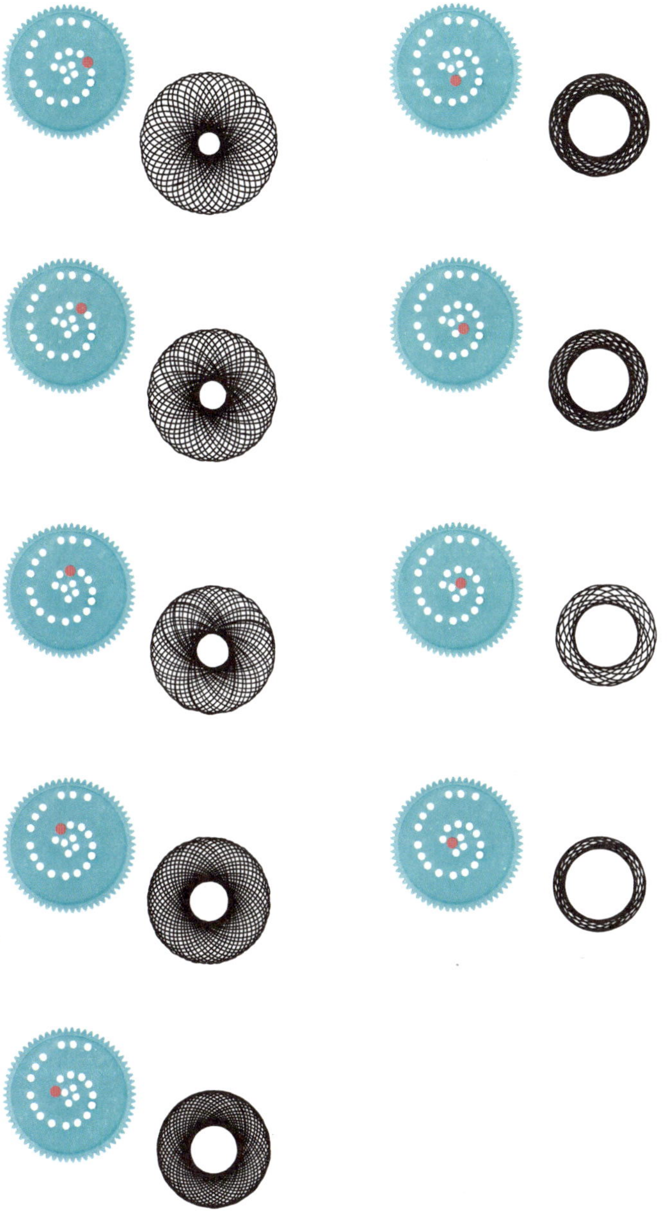

Mein Tipp:

Sie müssen das Zahnrad nicht komplett bis zum Startpunkt bewegen – auch unvollständige Spiralen haben ihren Reiz und Sie erzielen noch vielfältigere Ergebnisse.

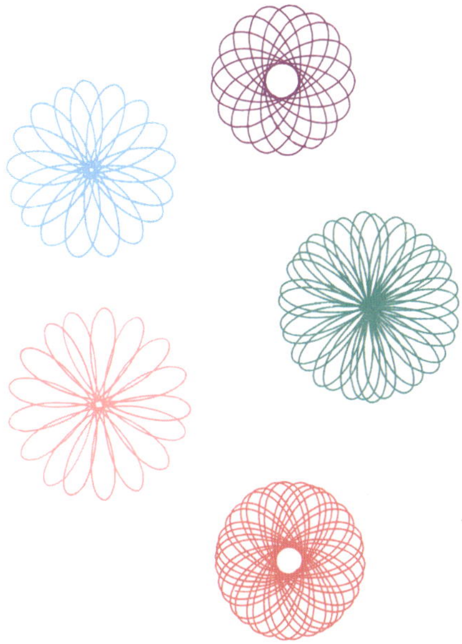

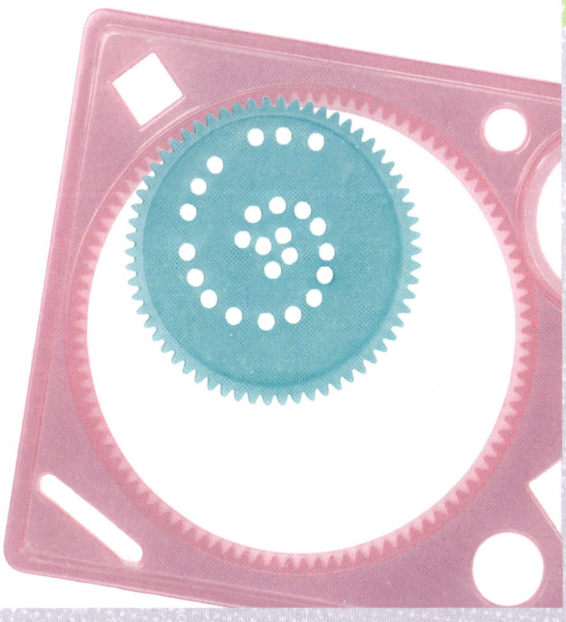

Wilde Wirbel

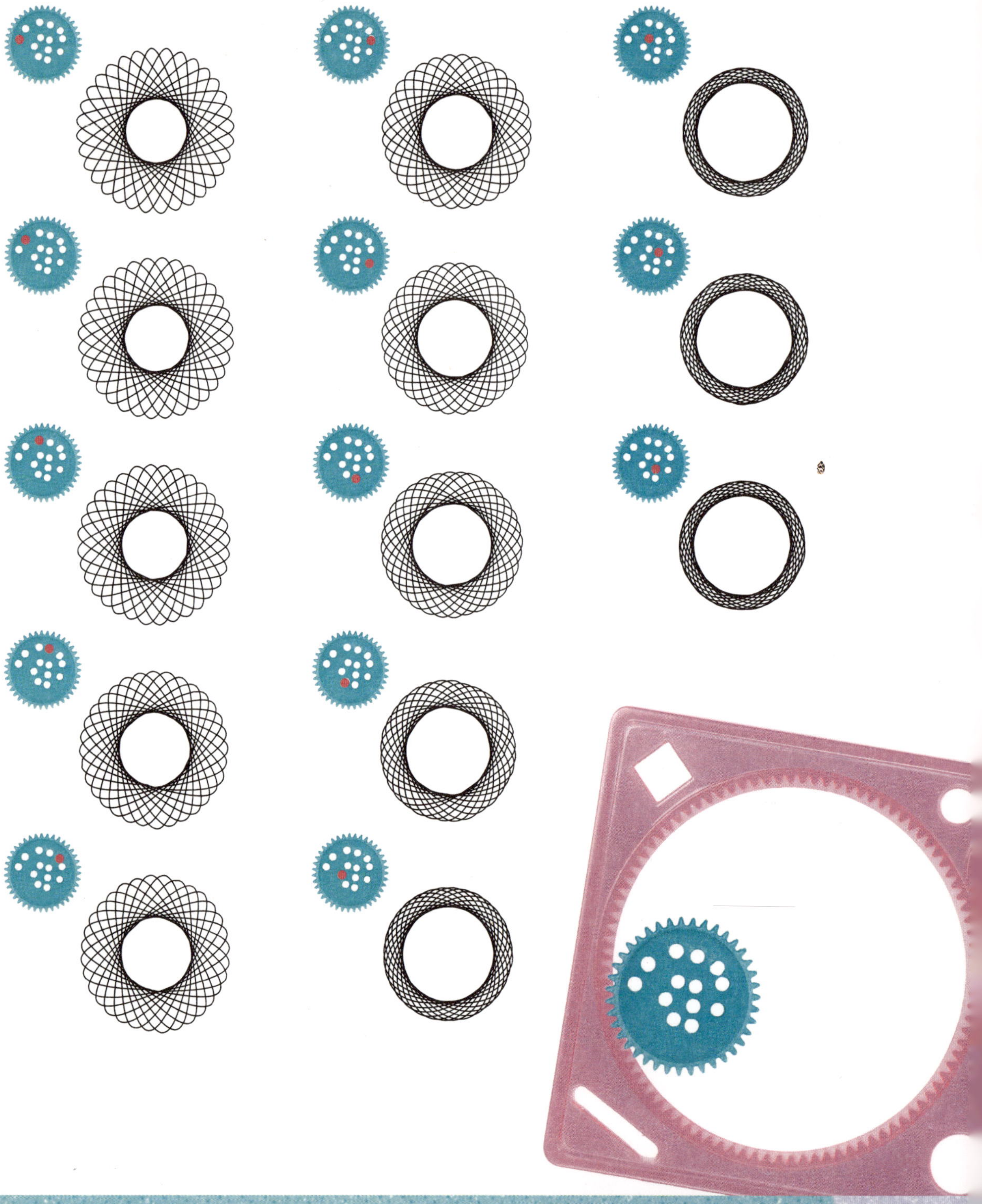

Kreative Kreise

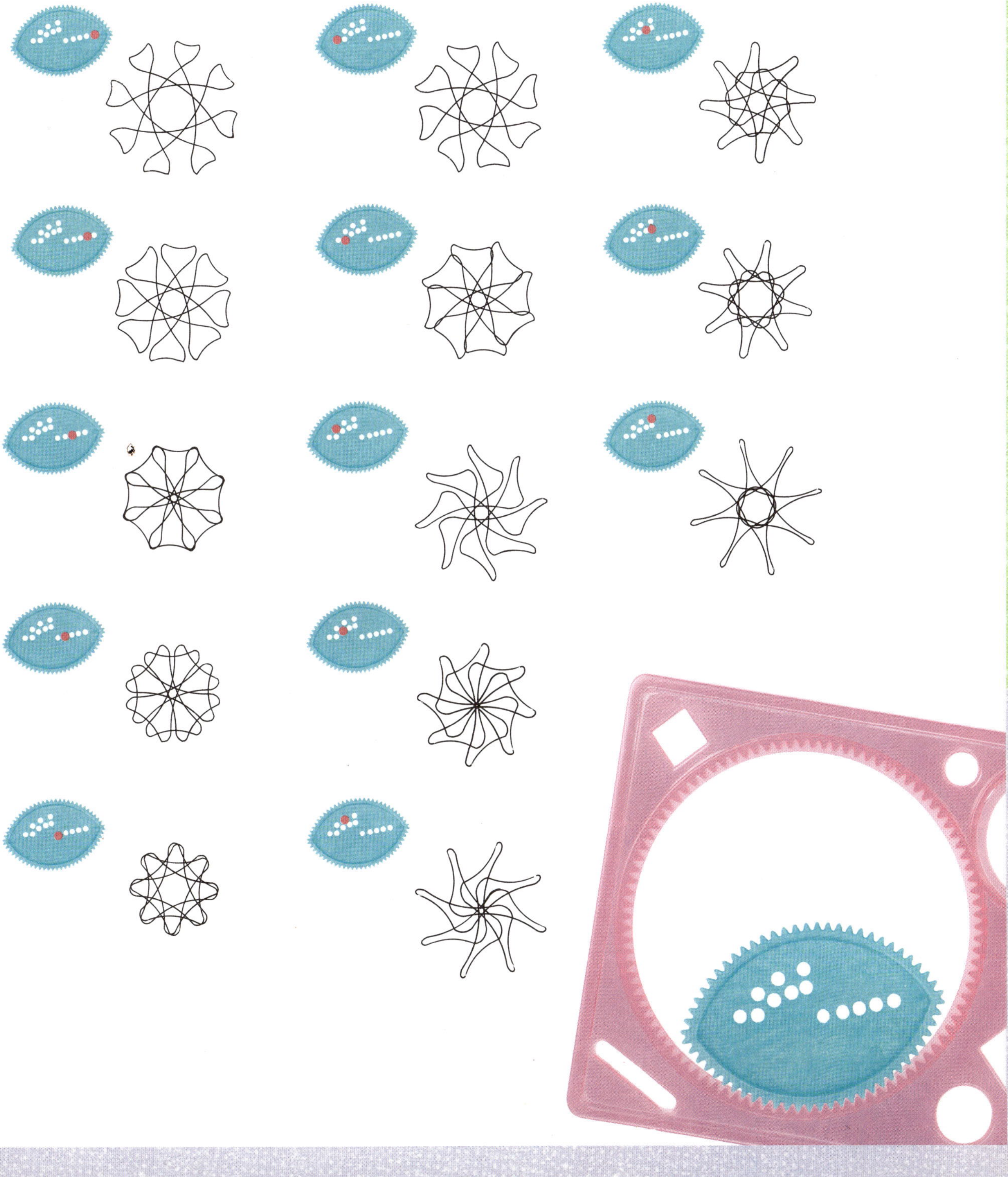

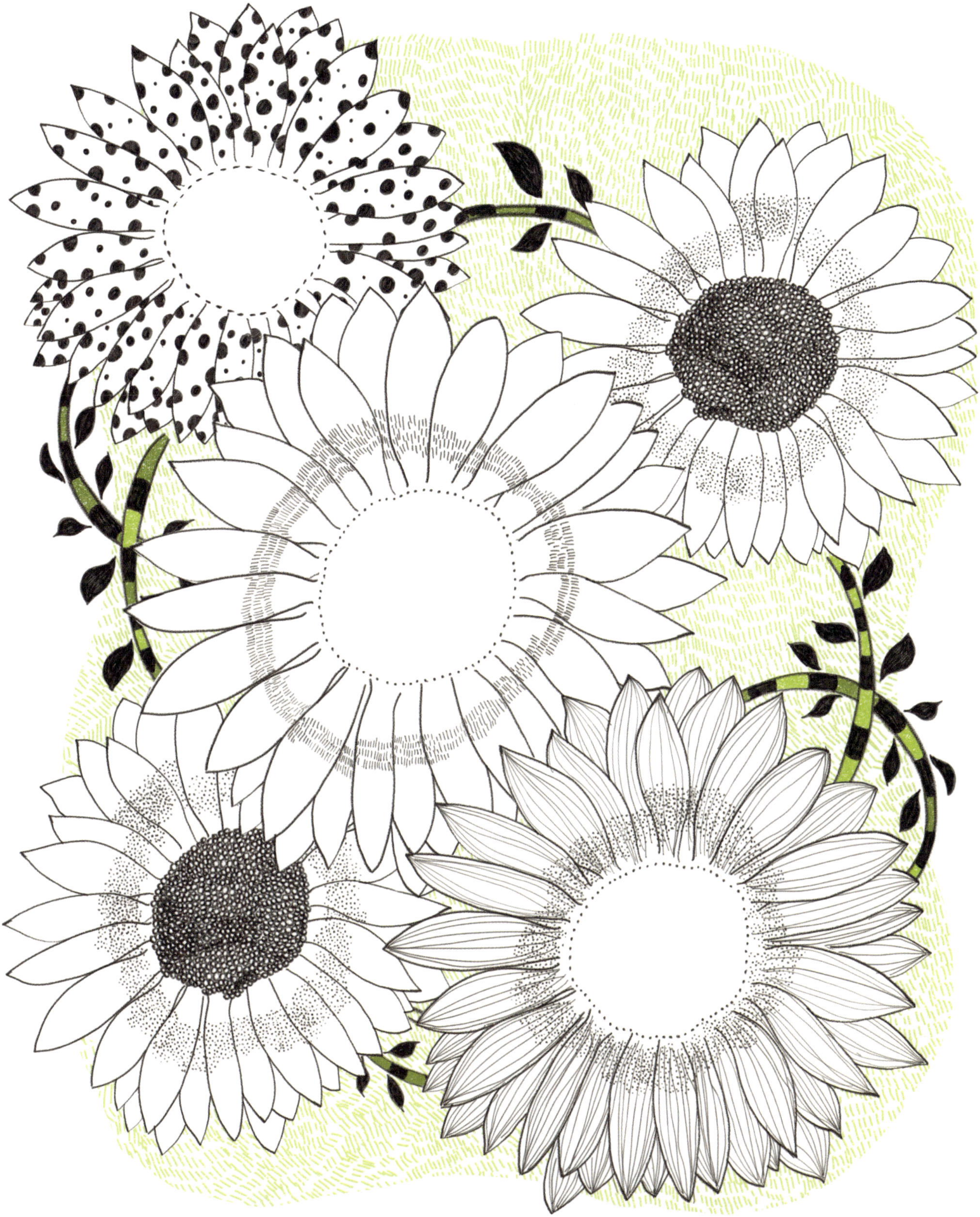

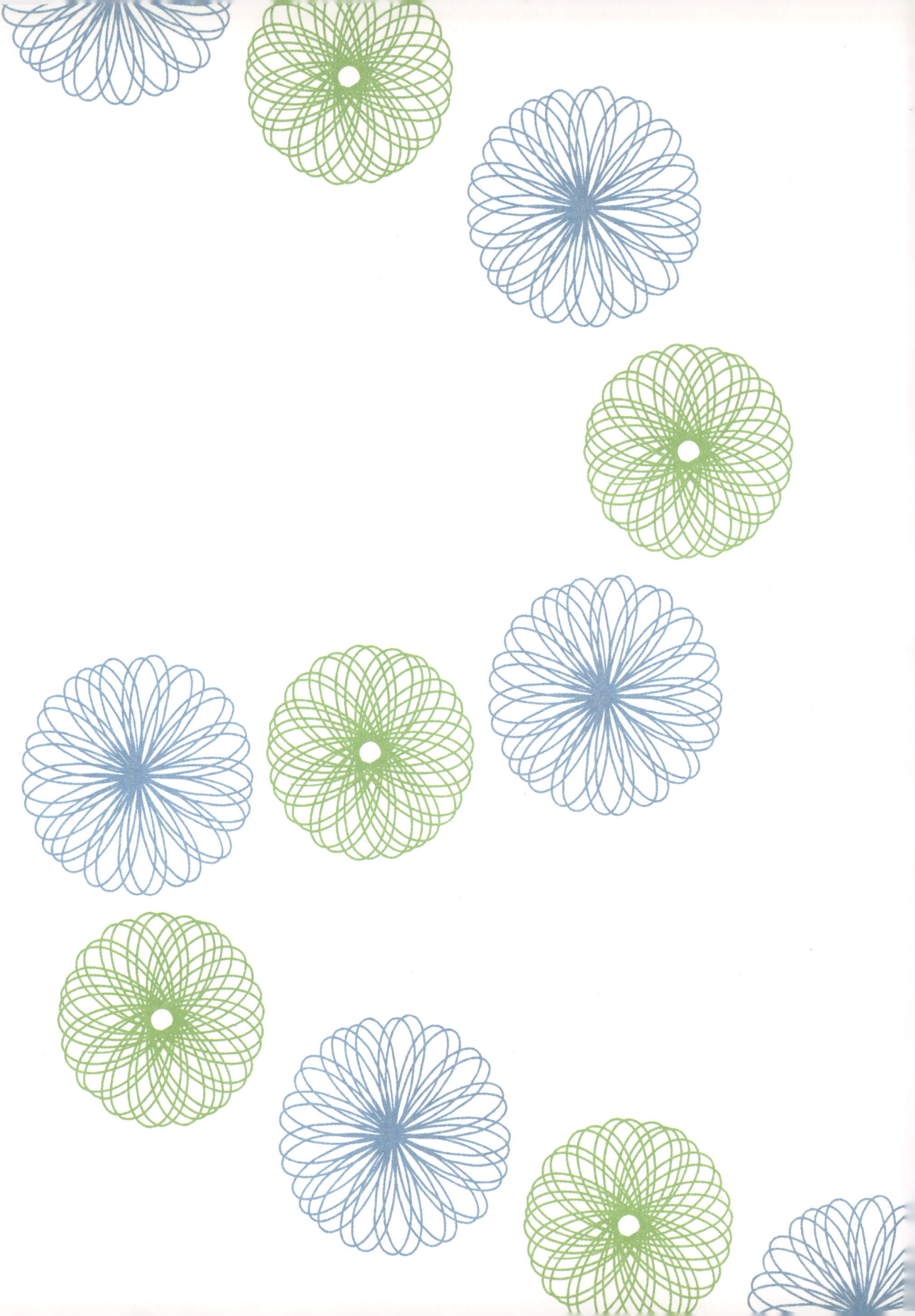

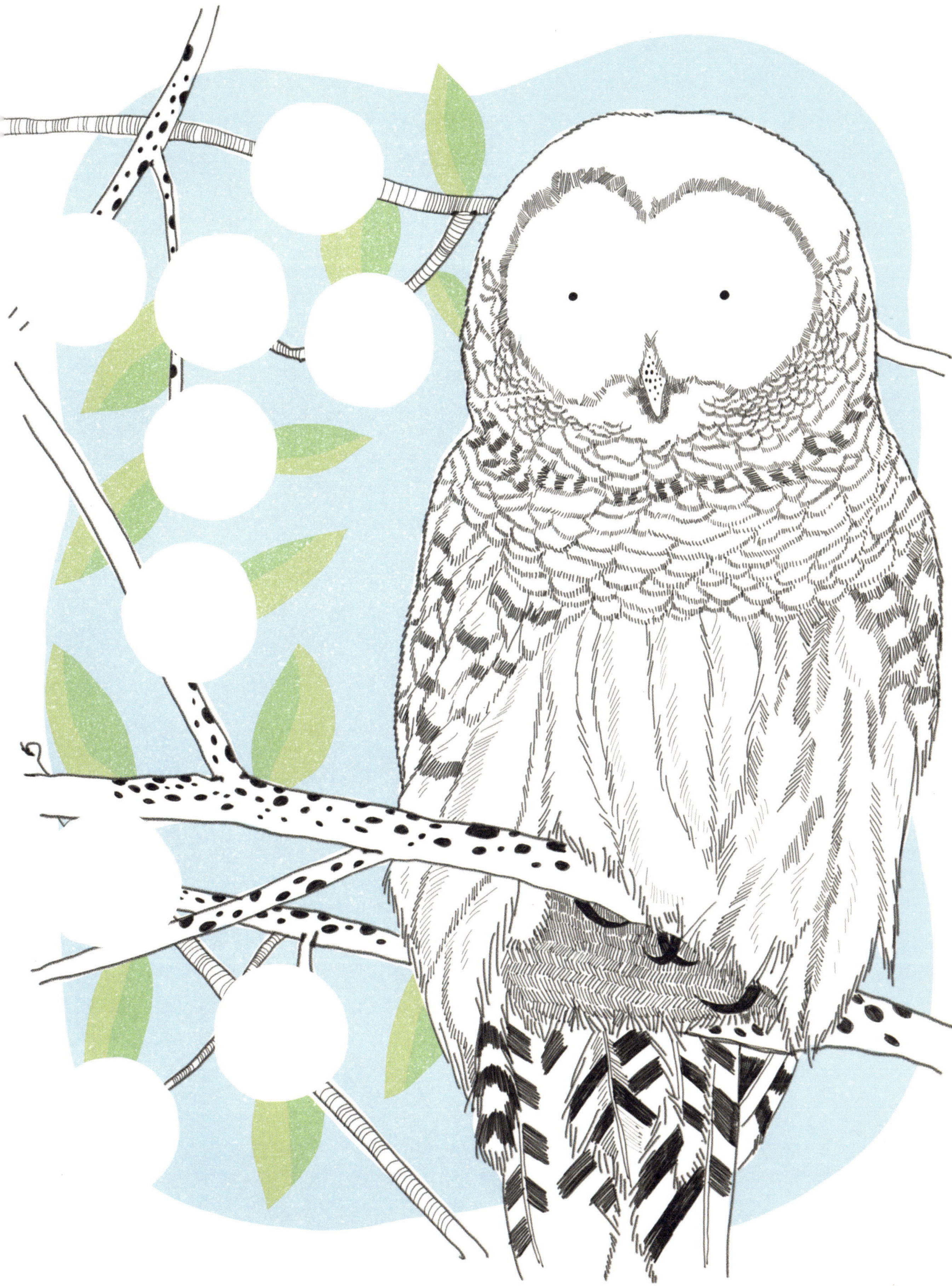

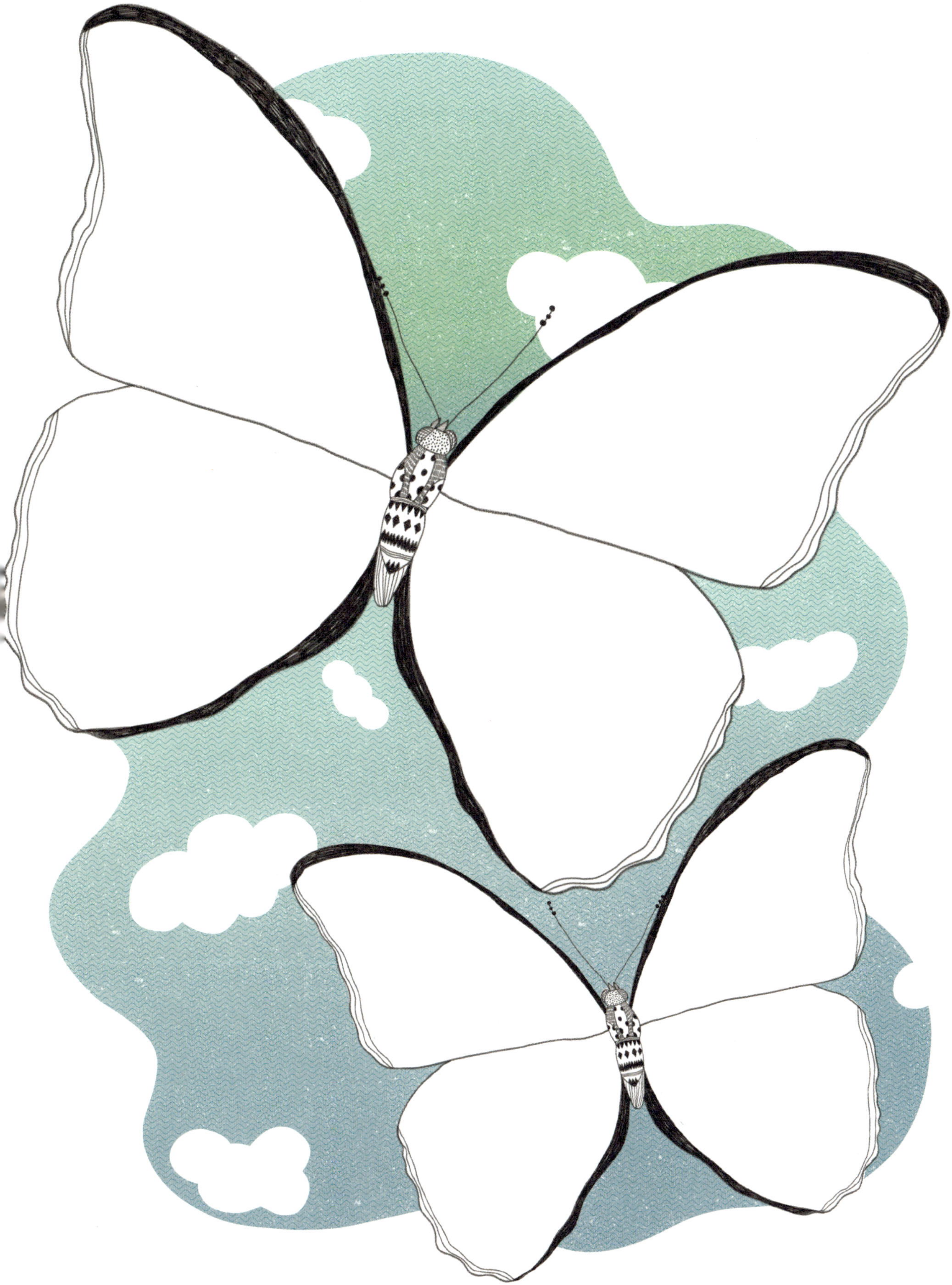

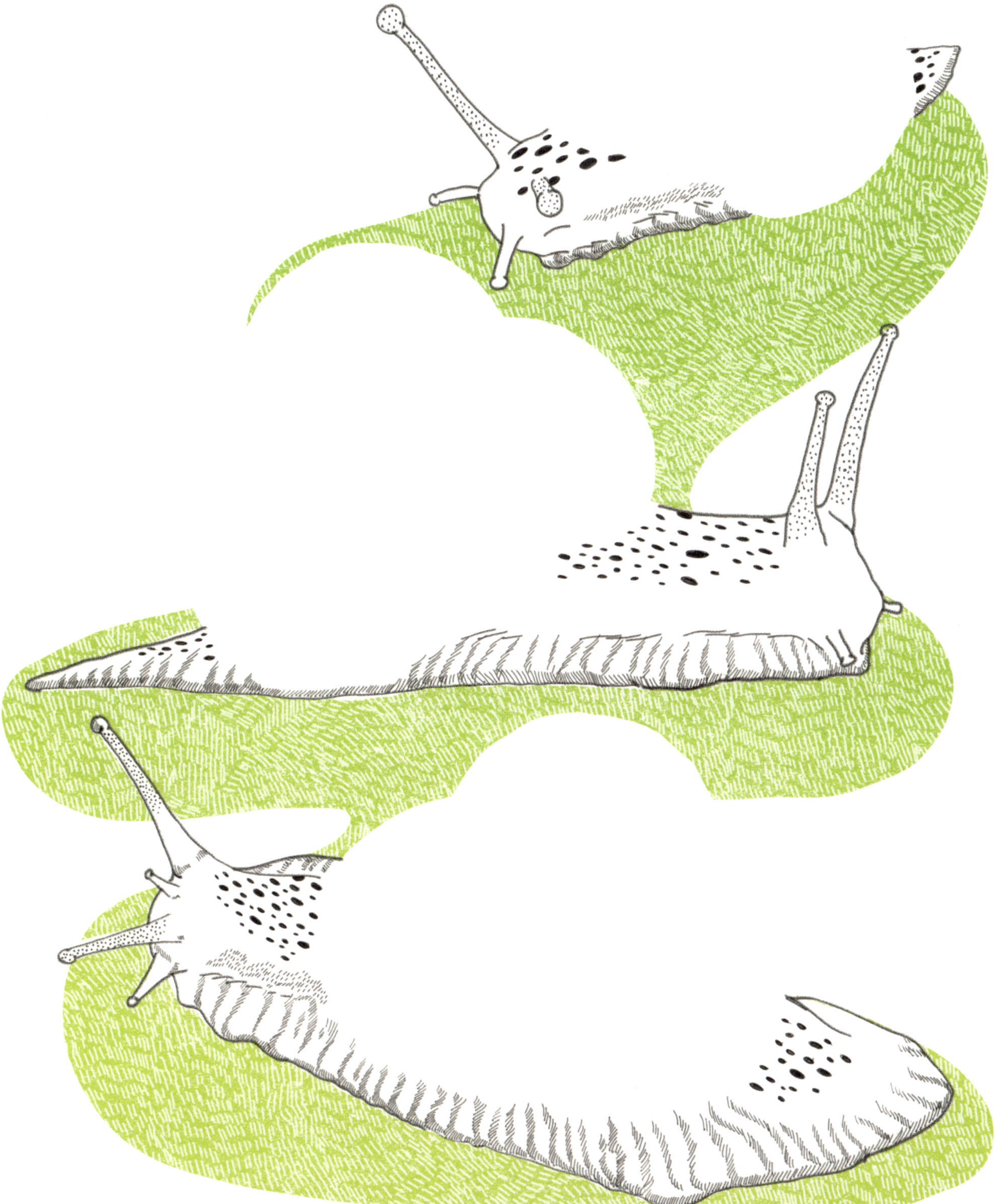

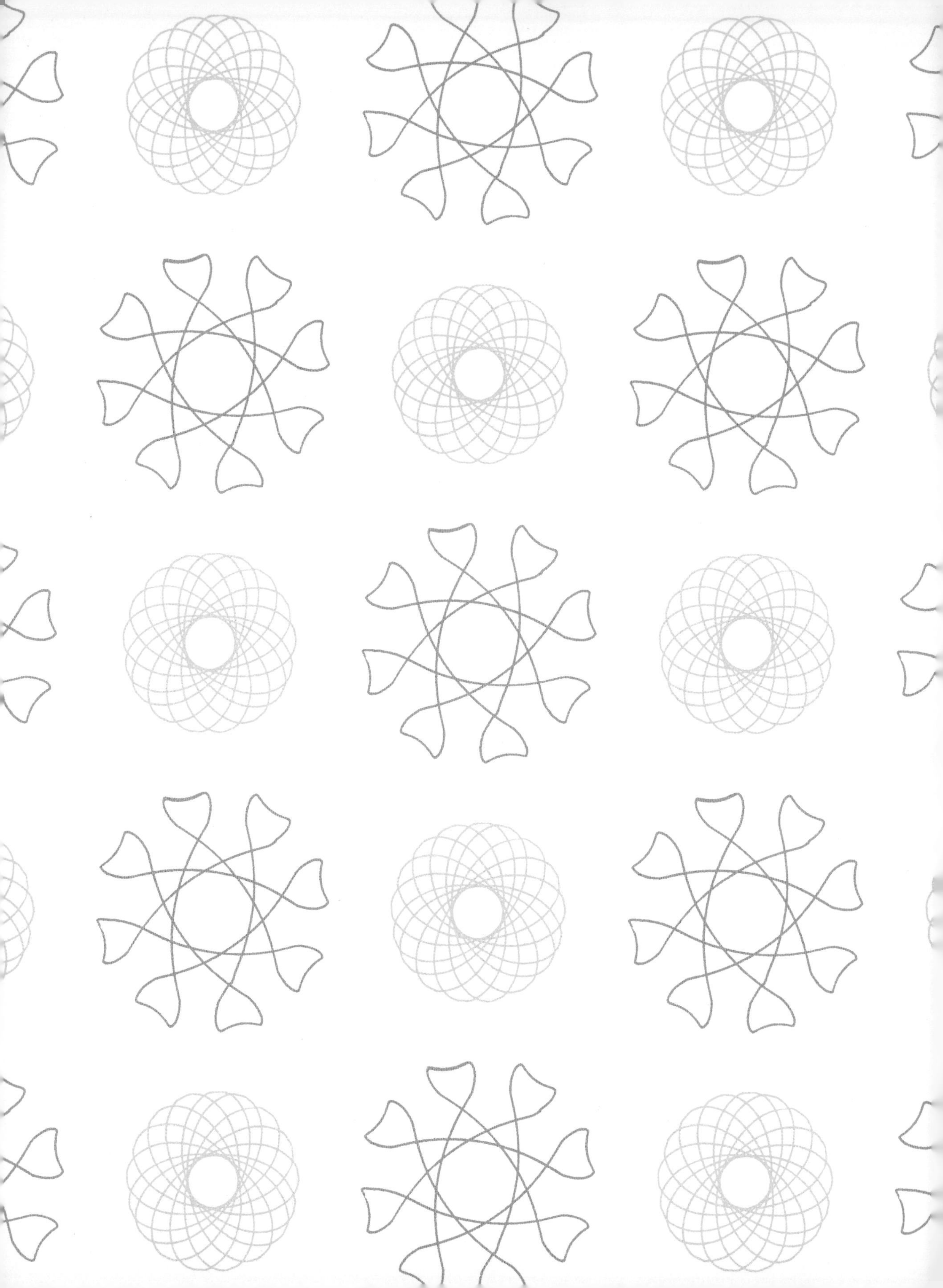

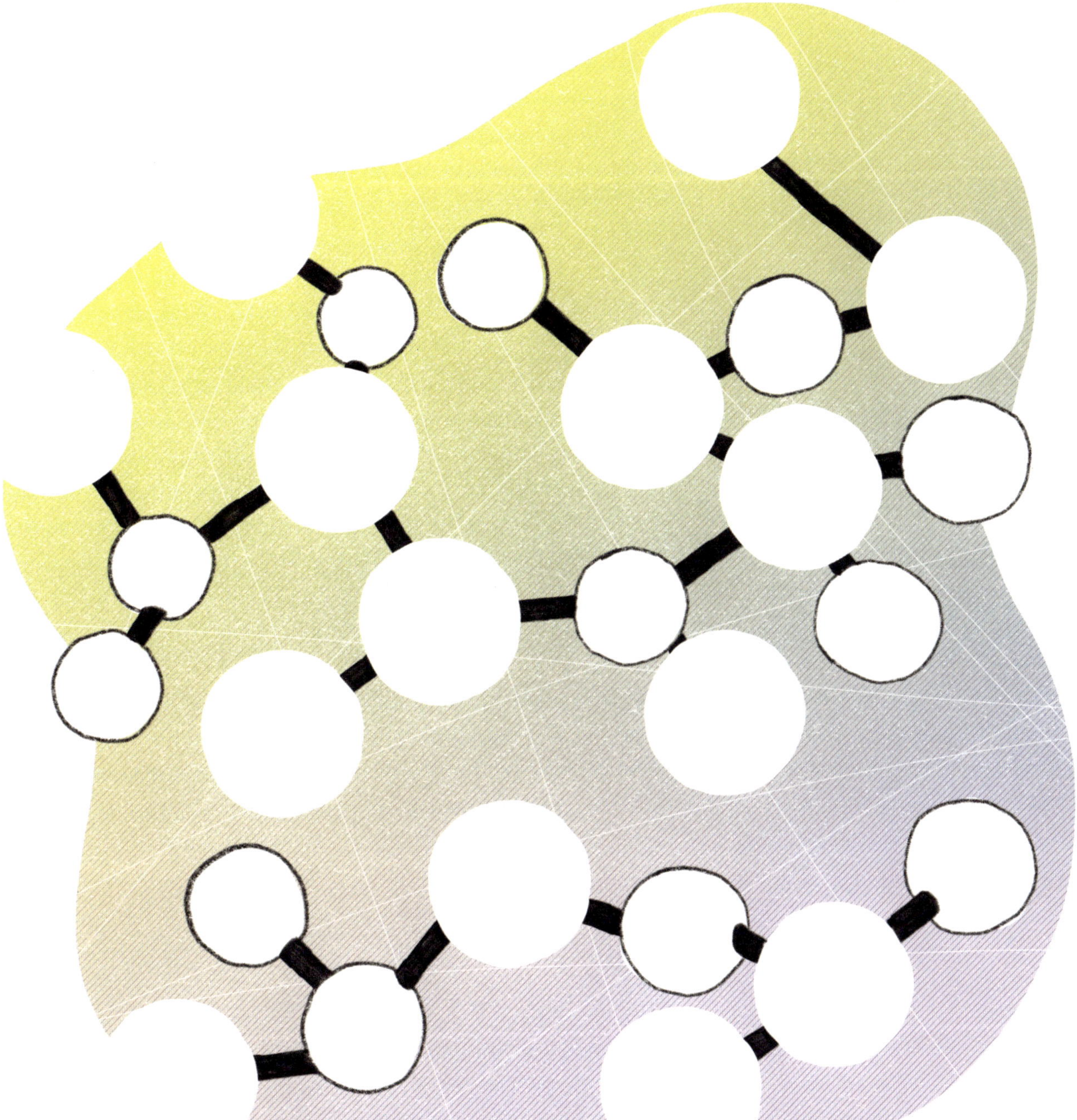

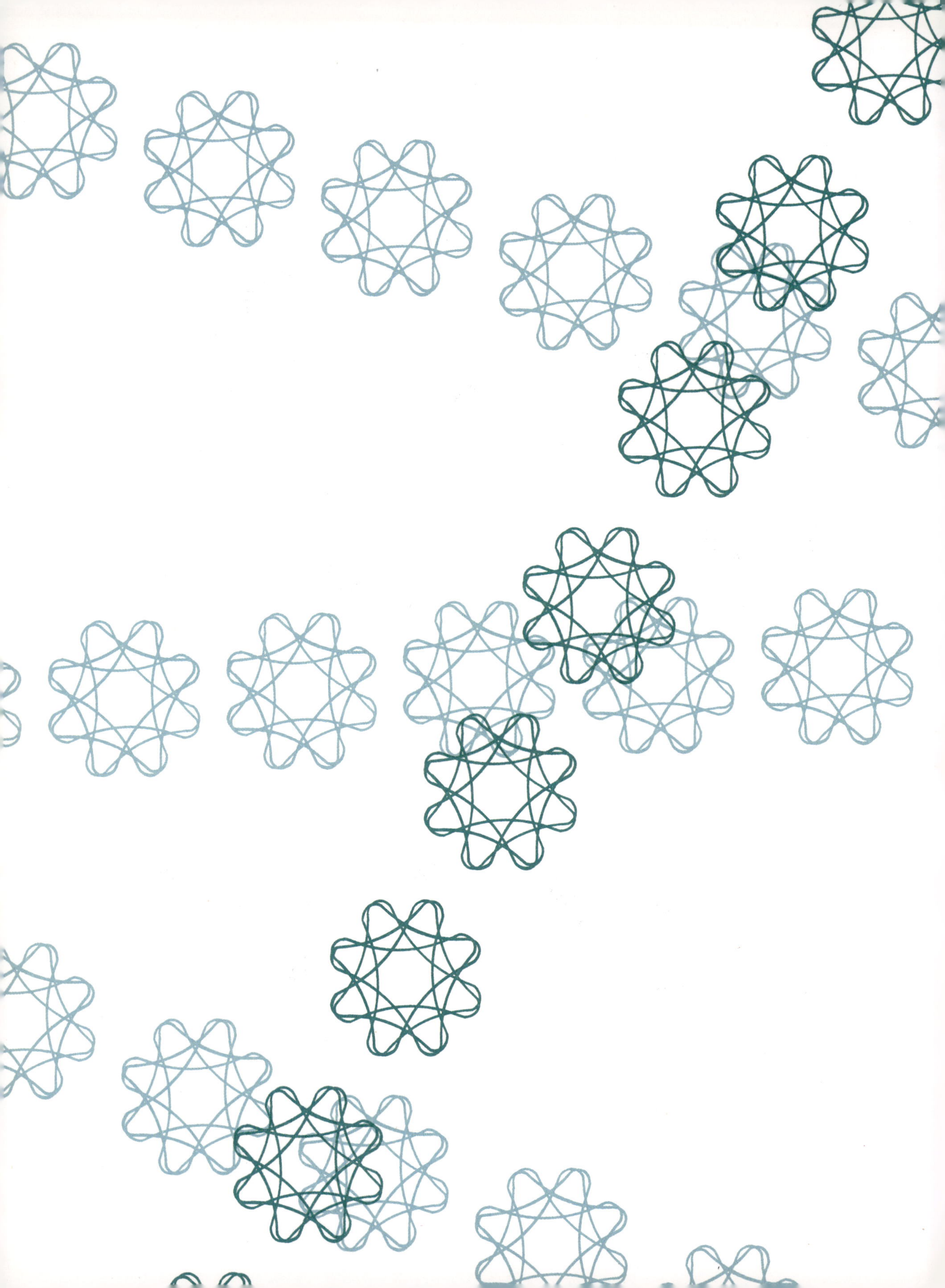

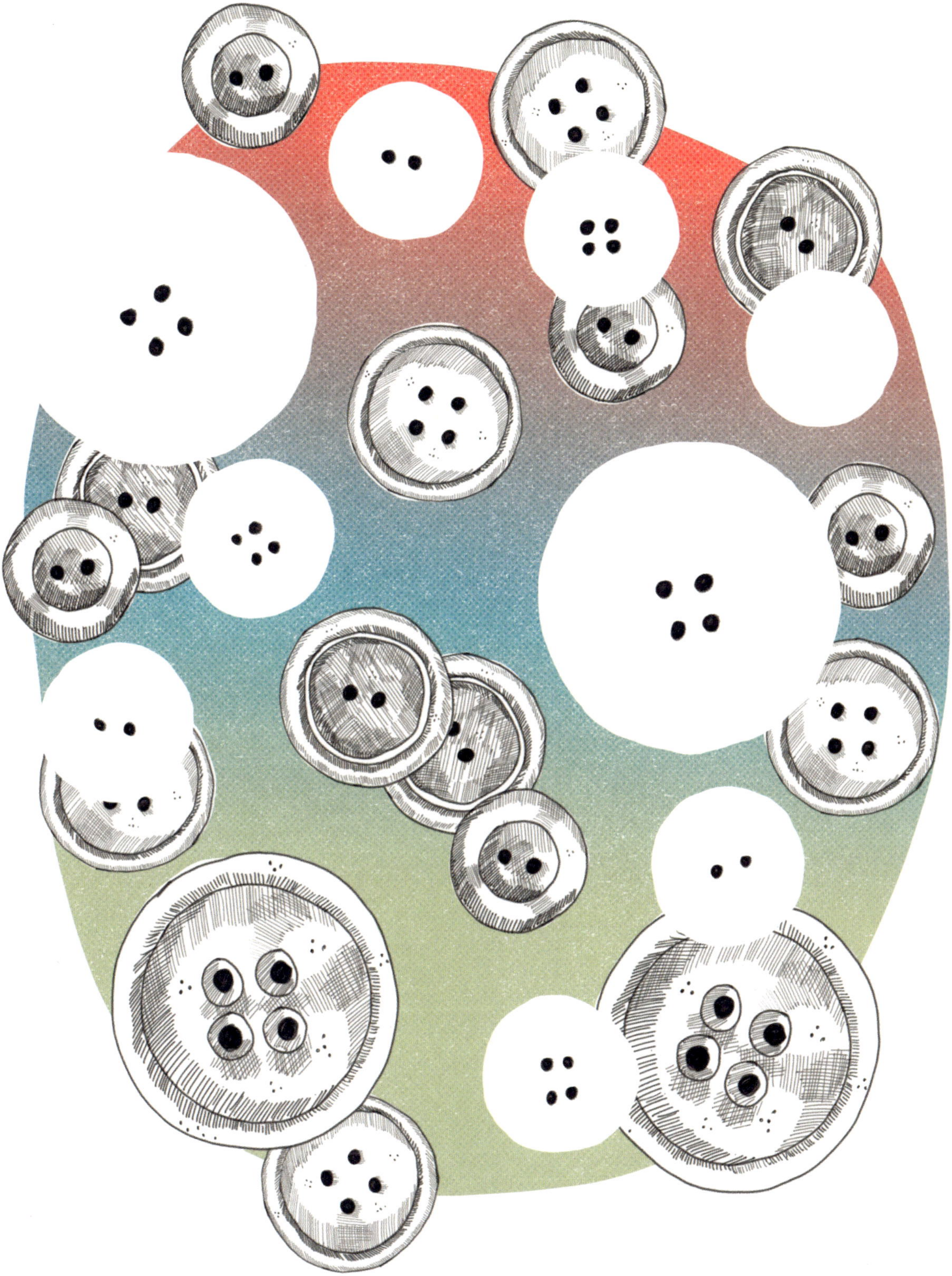

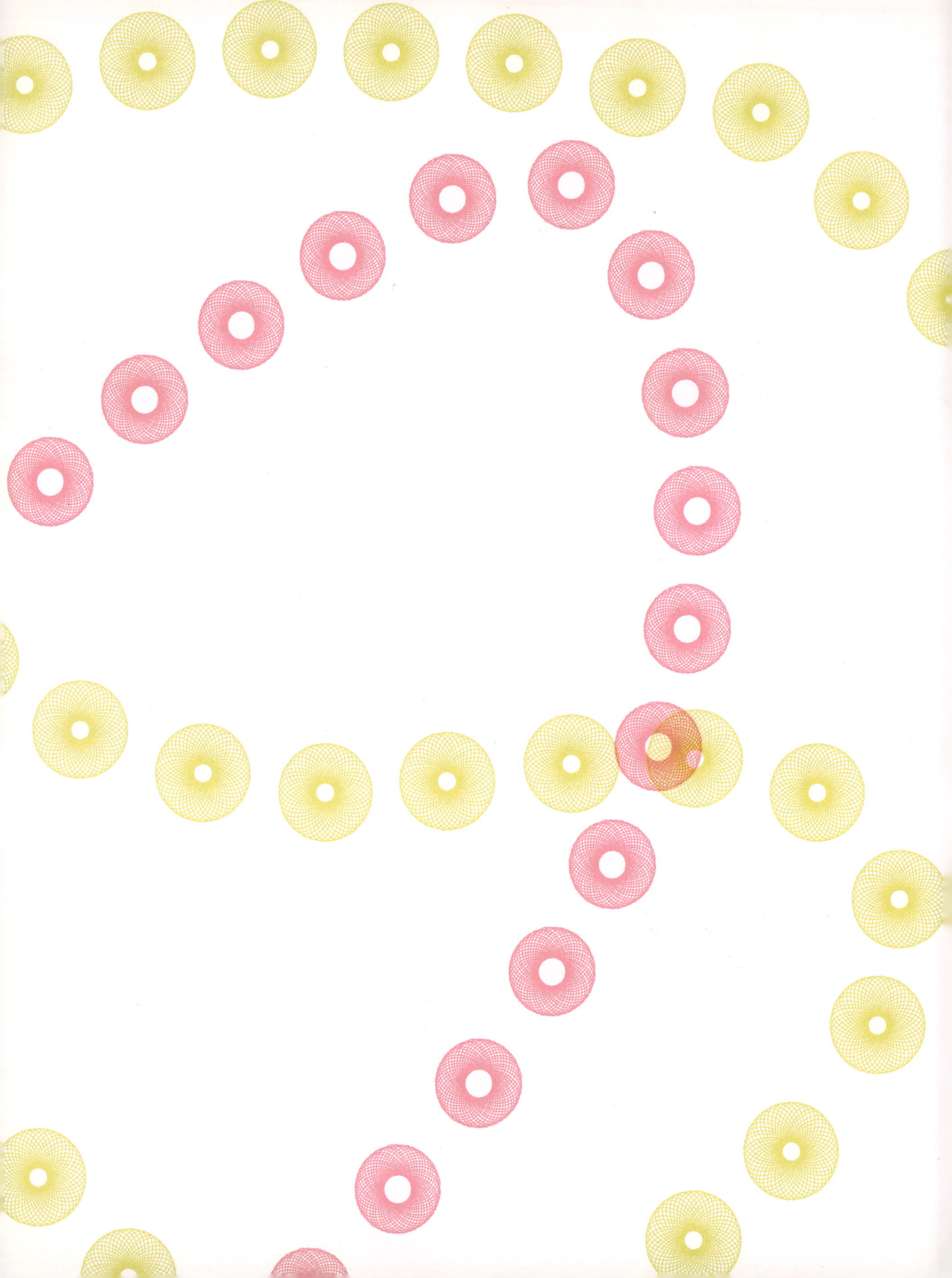

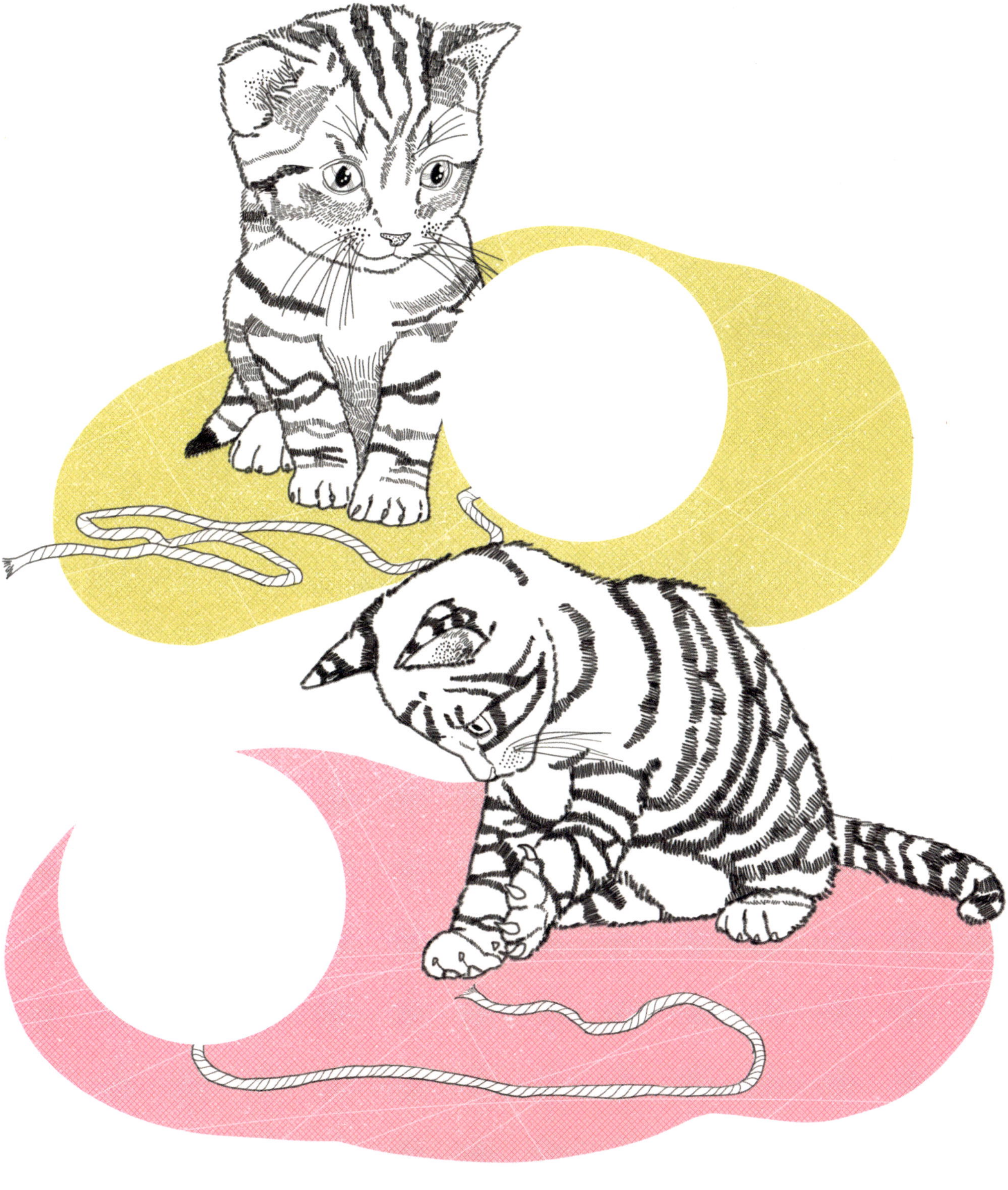

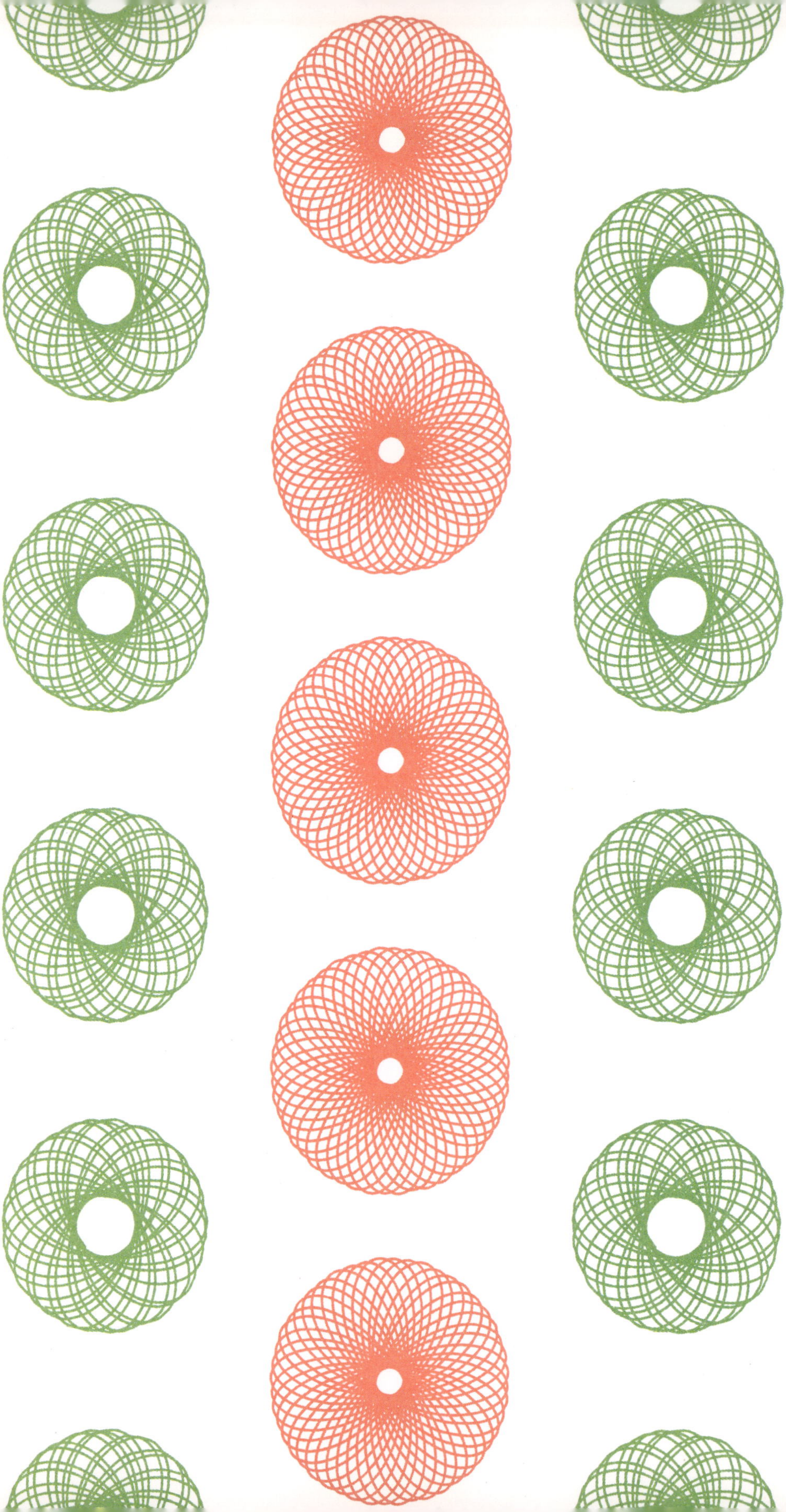

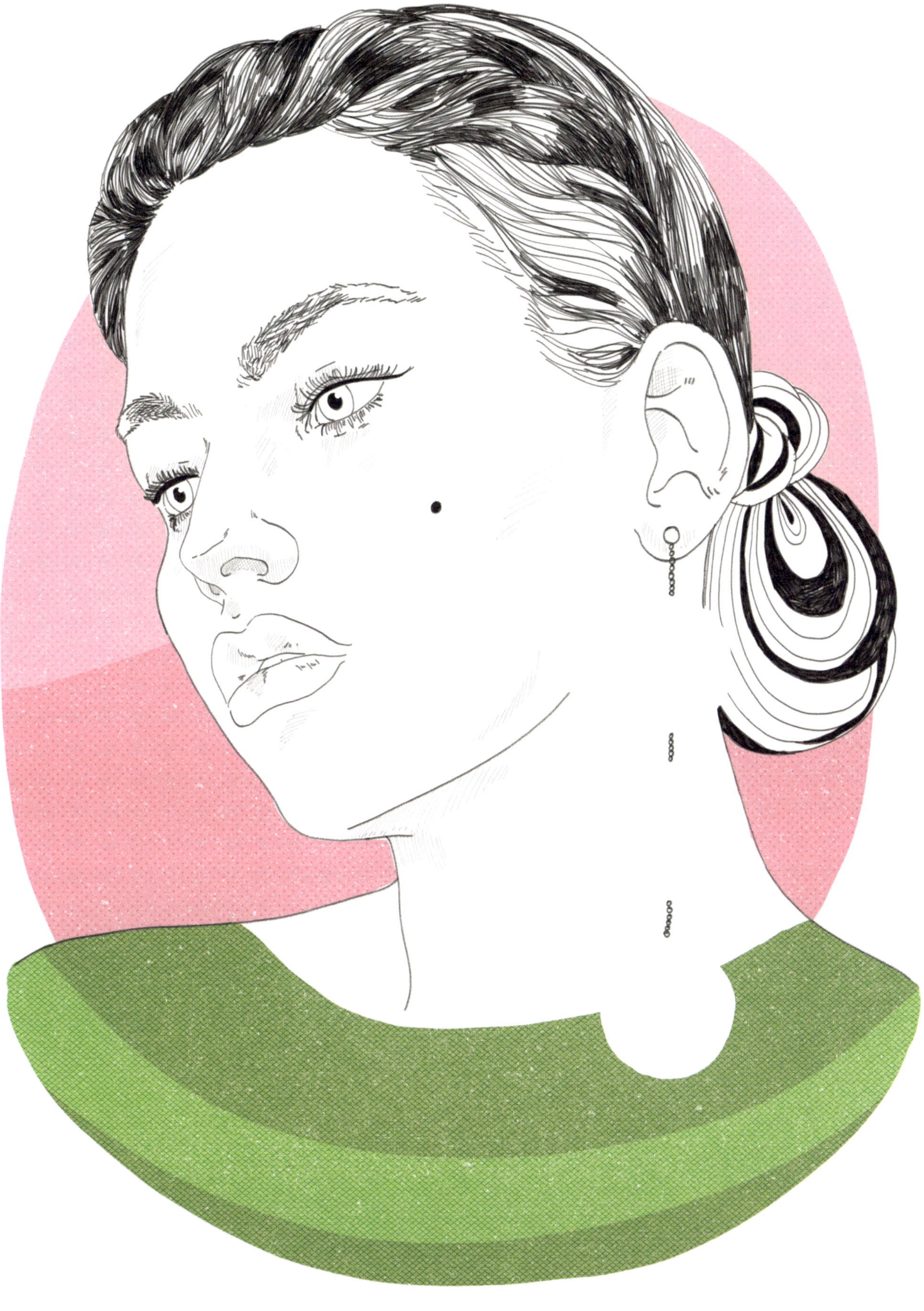

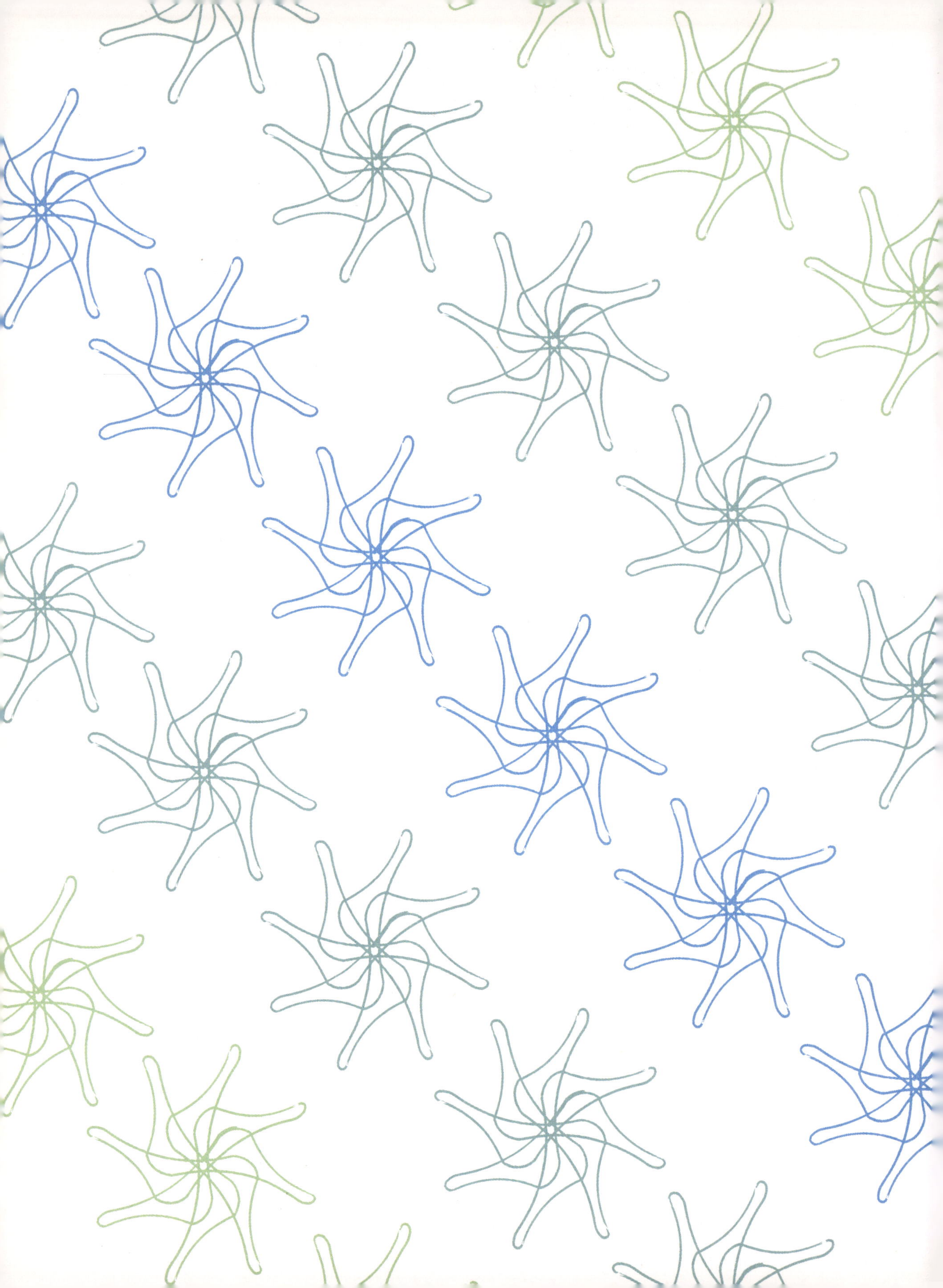

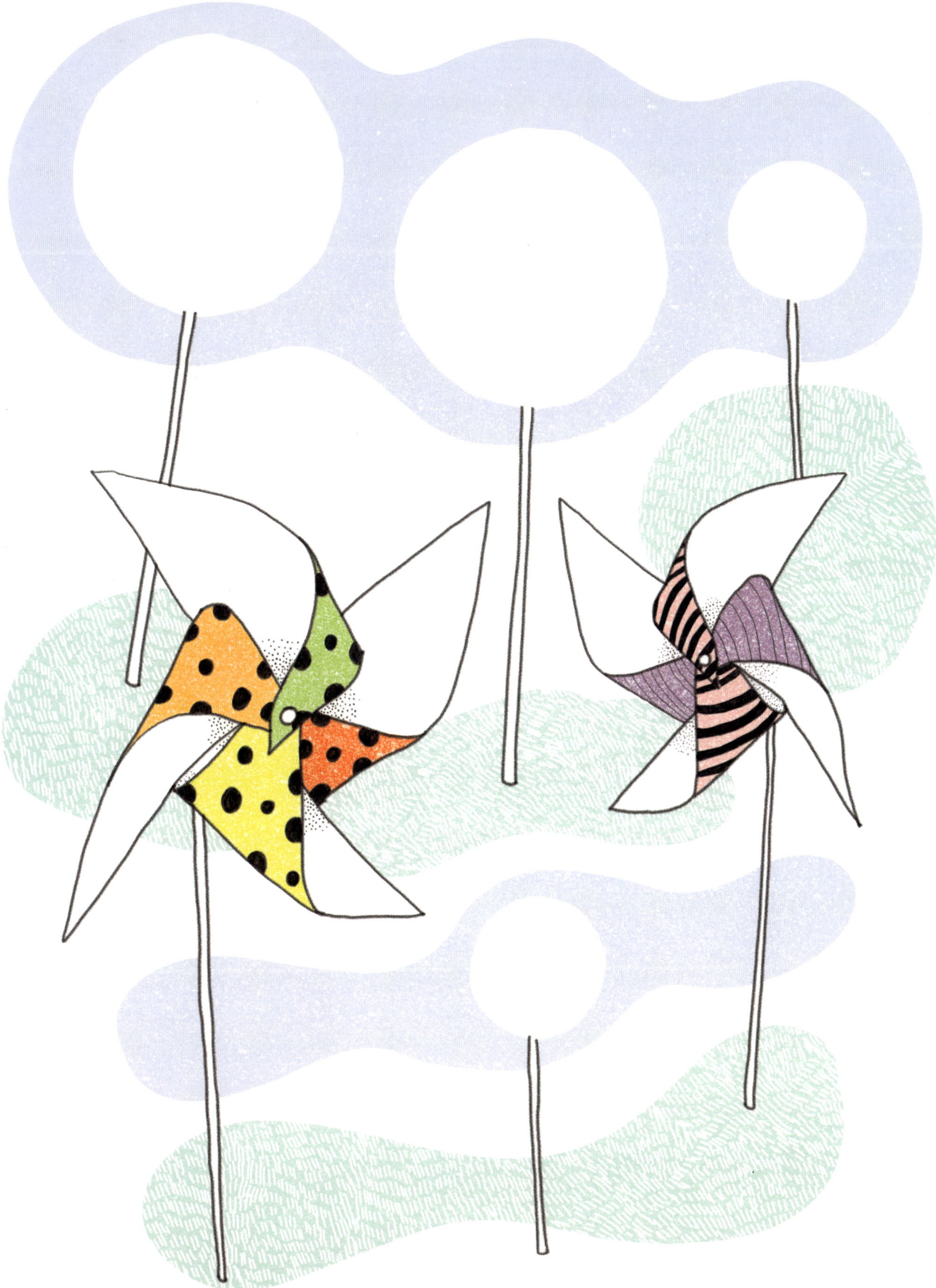

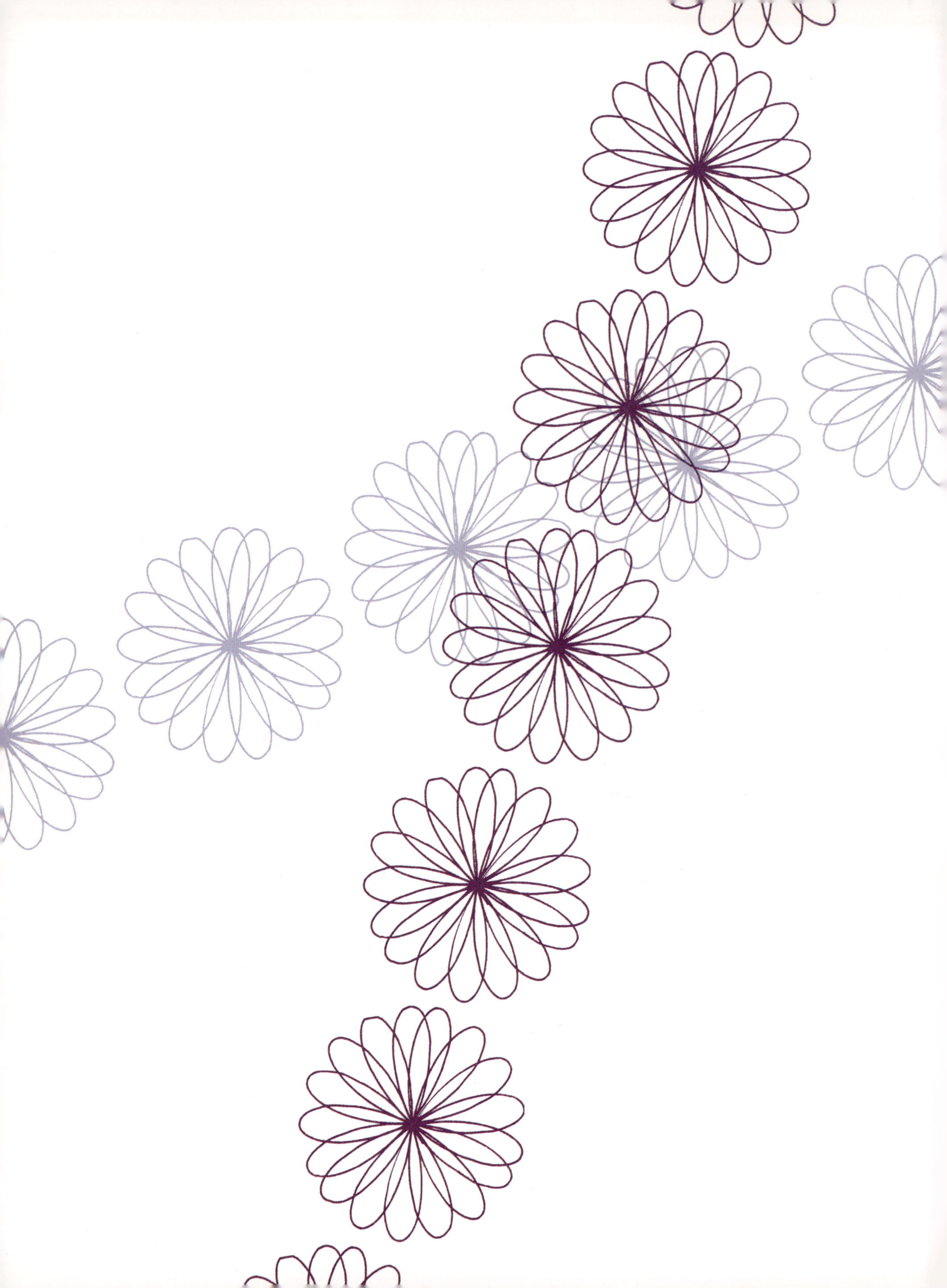

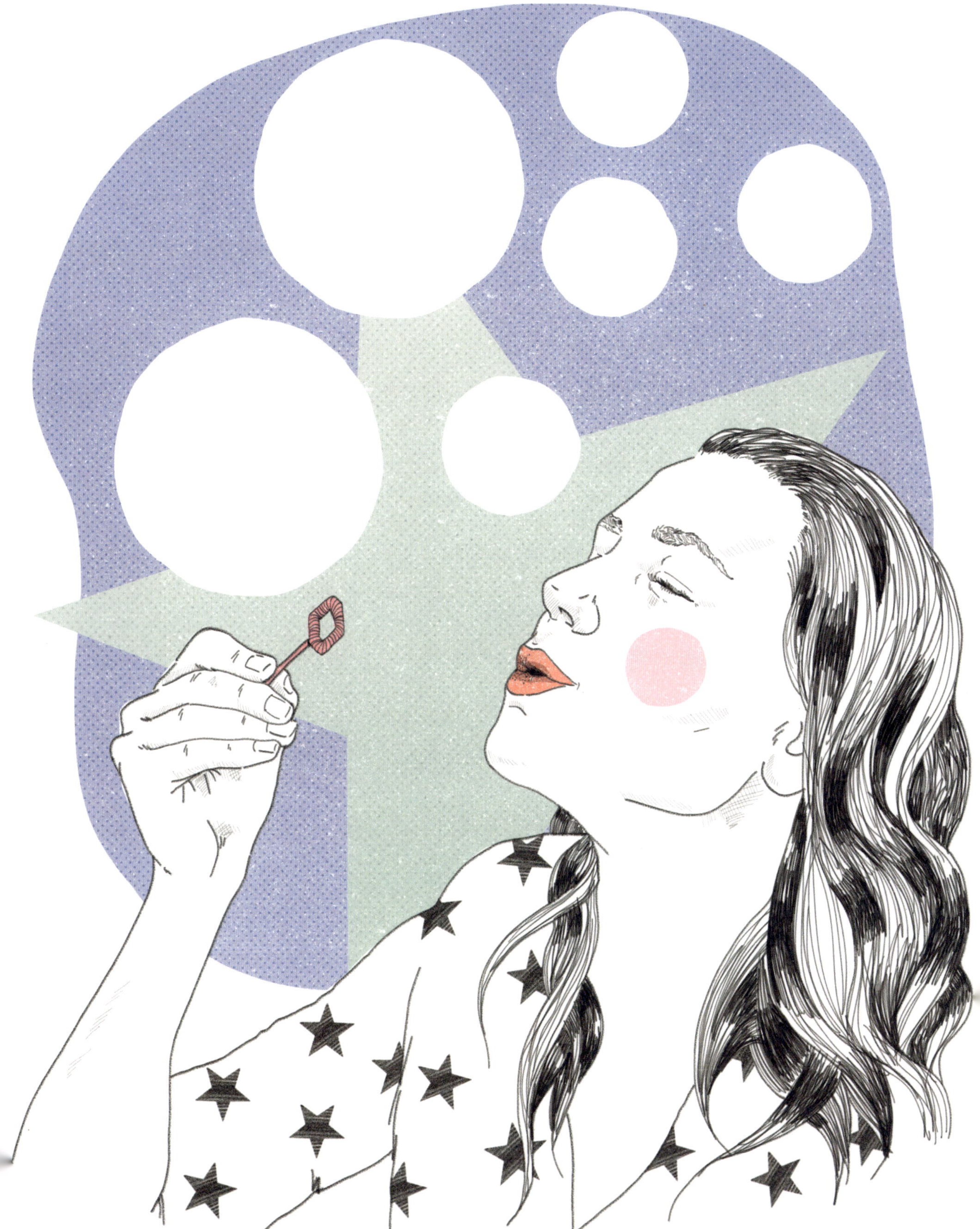

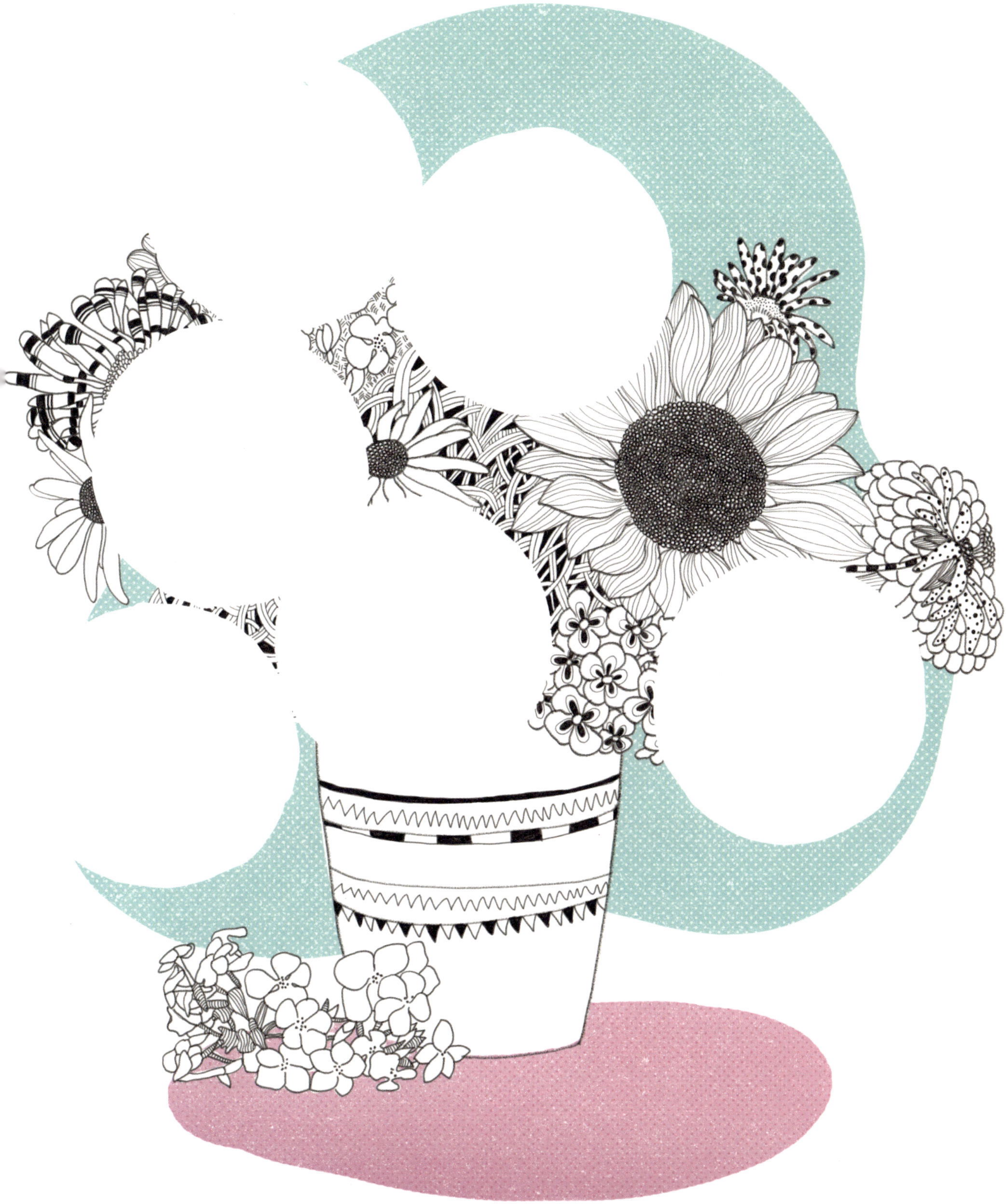

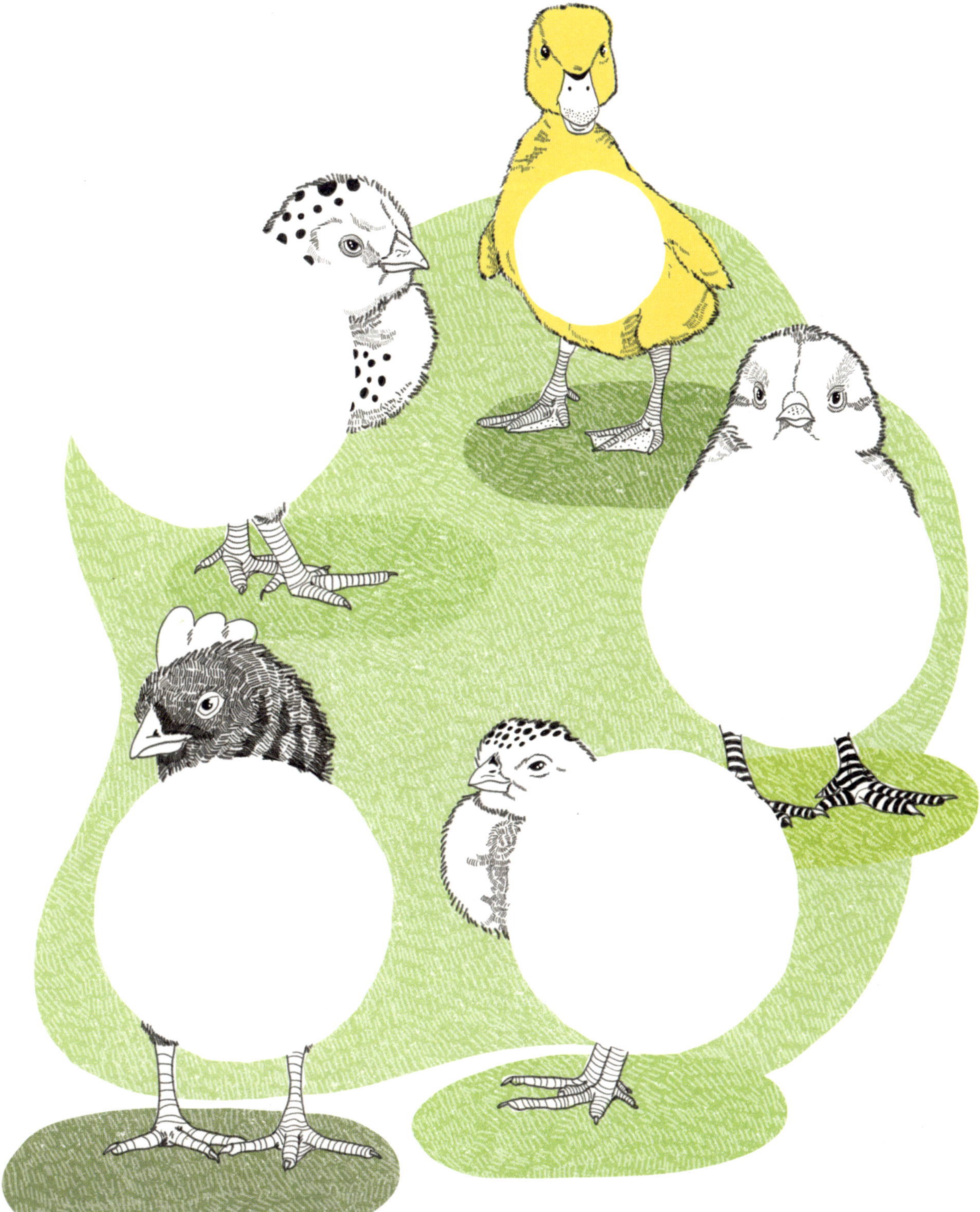

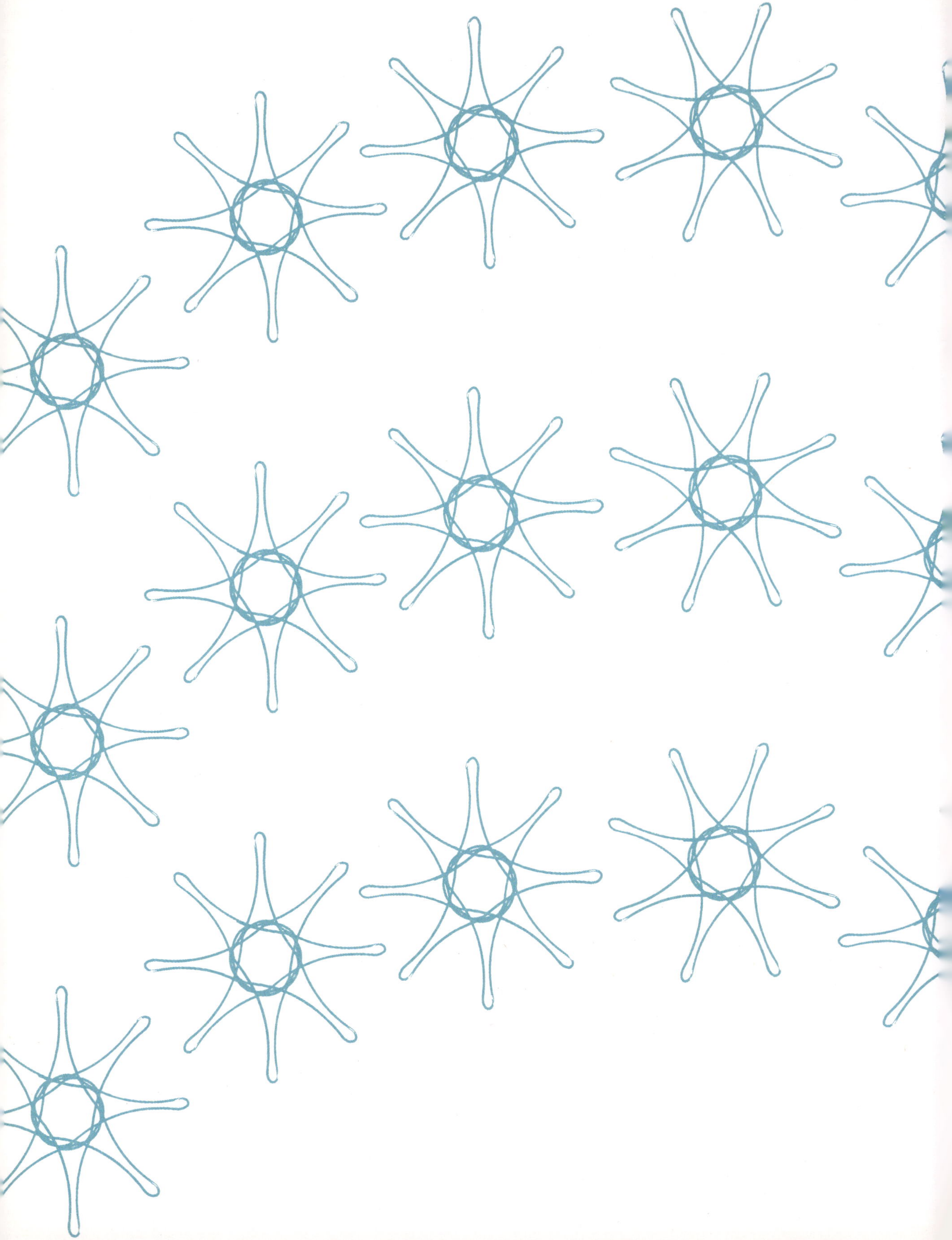

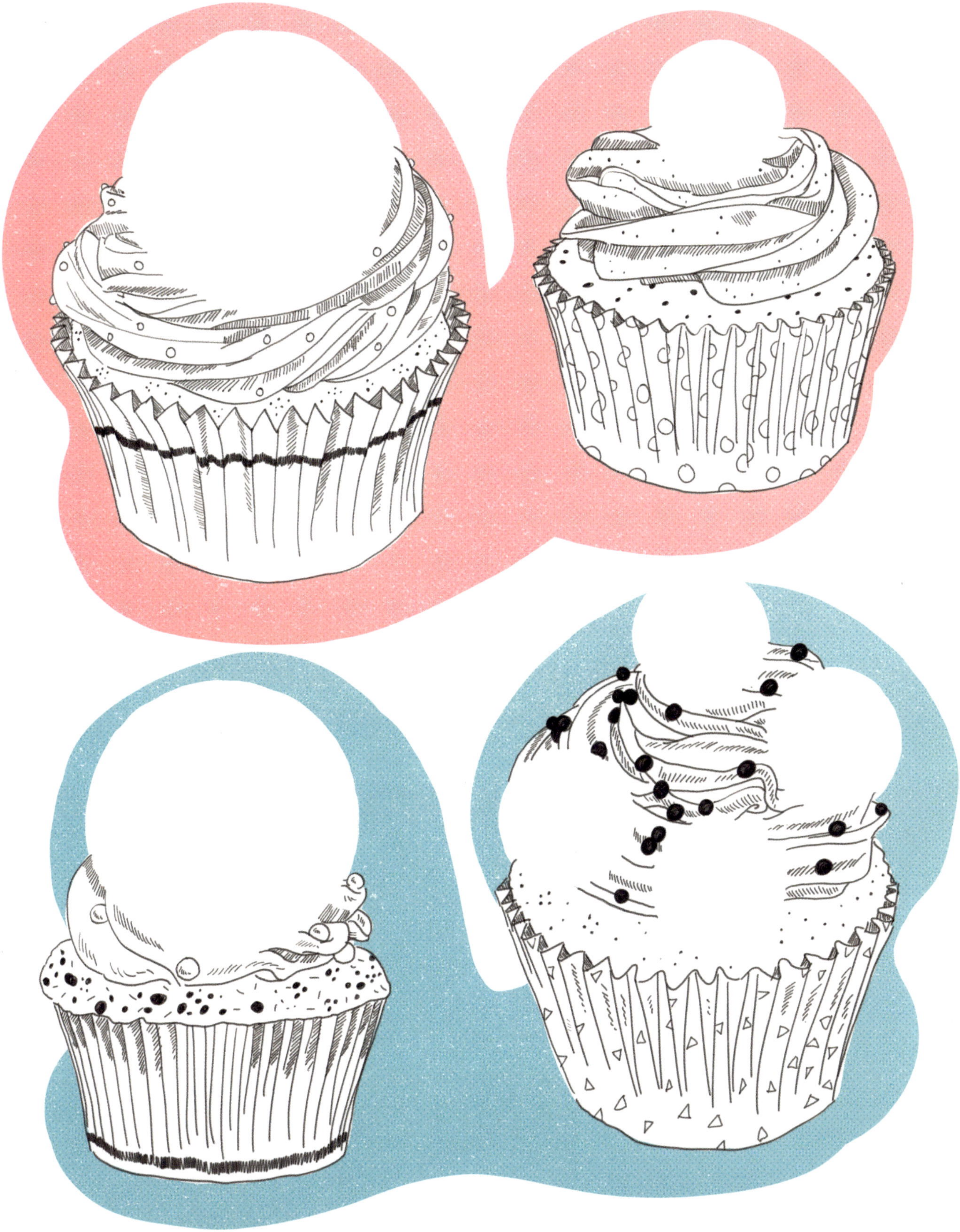

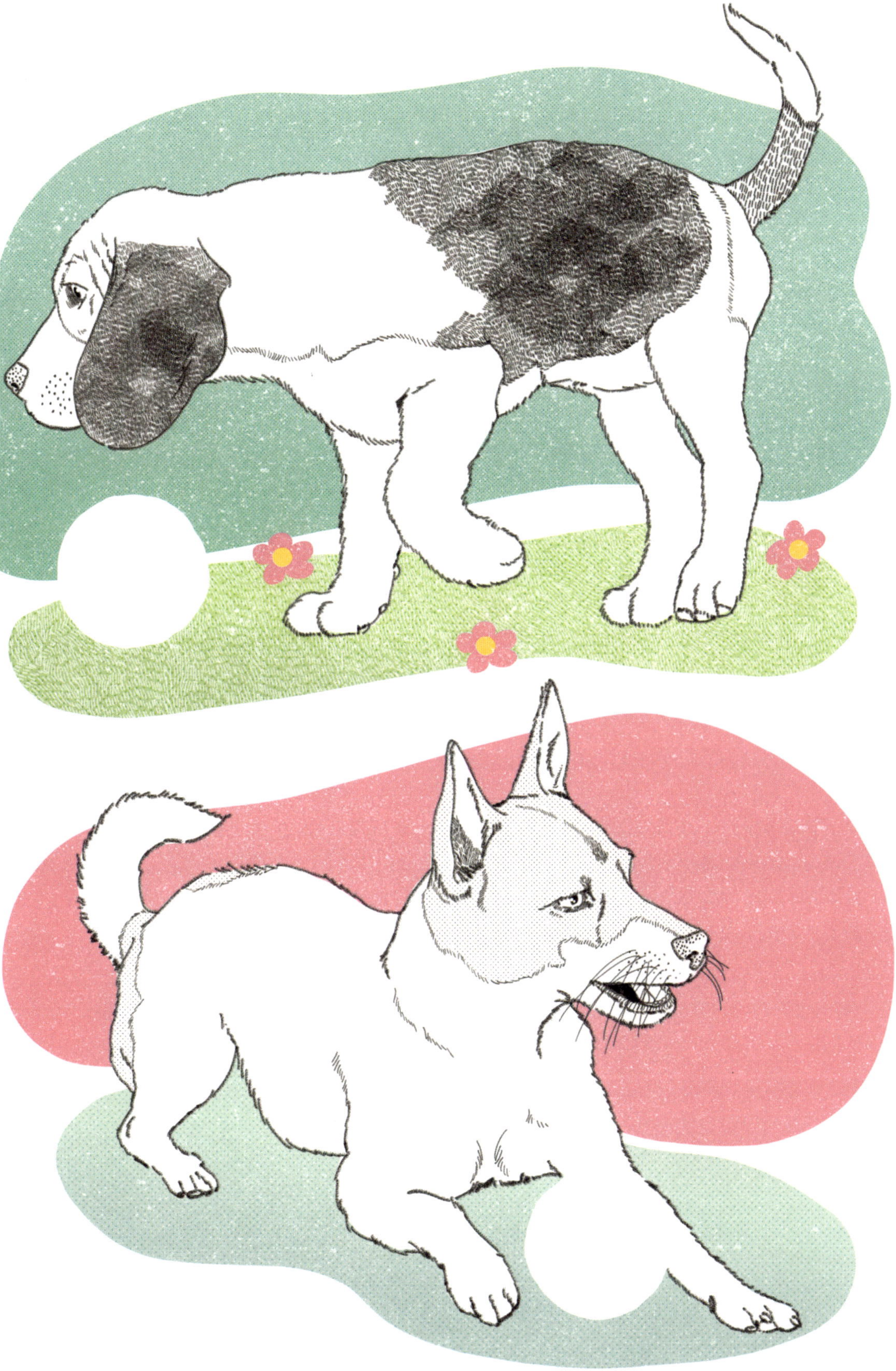

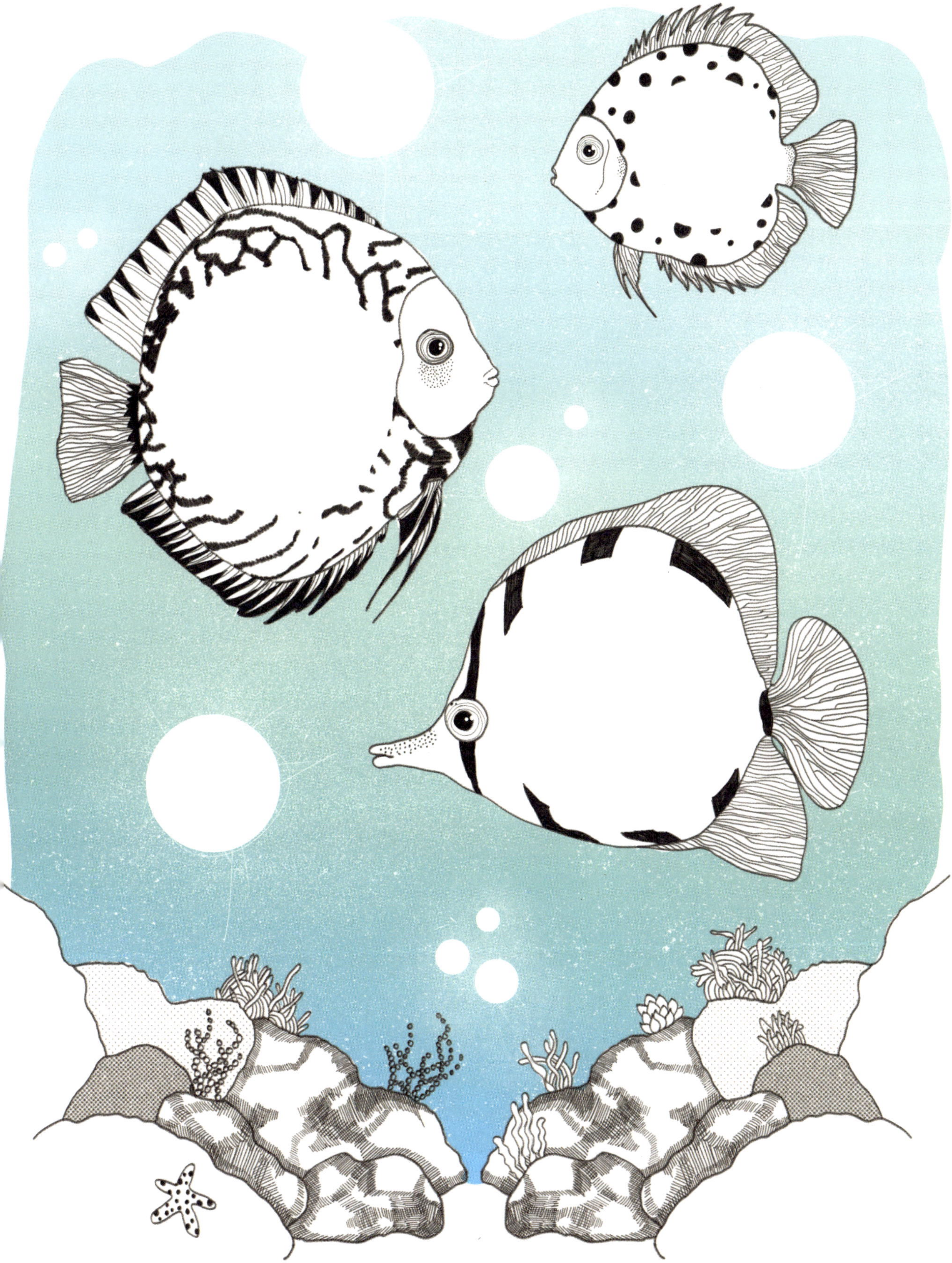

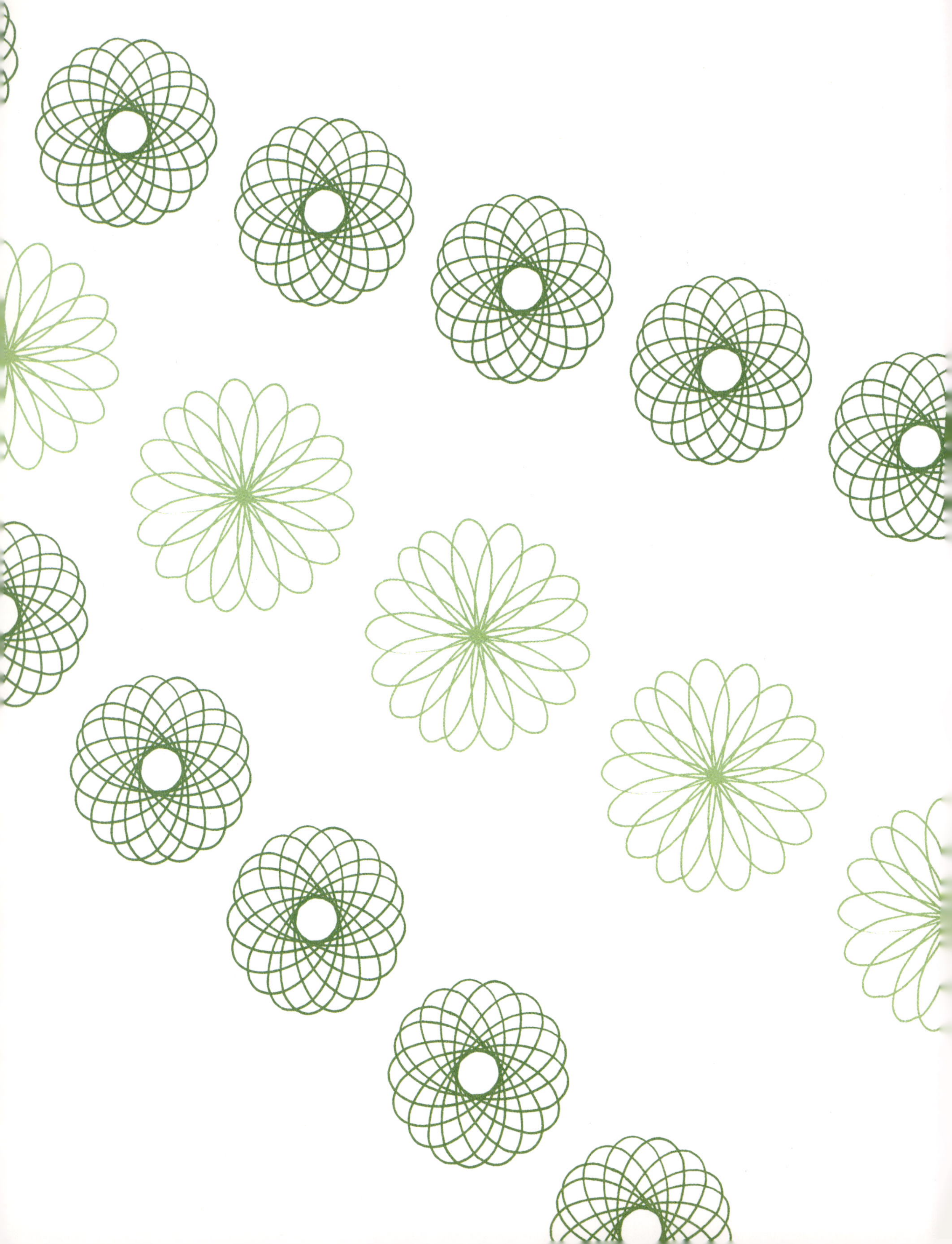

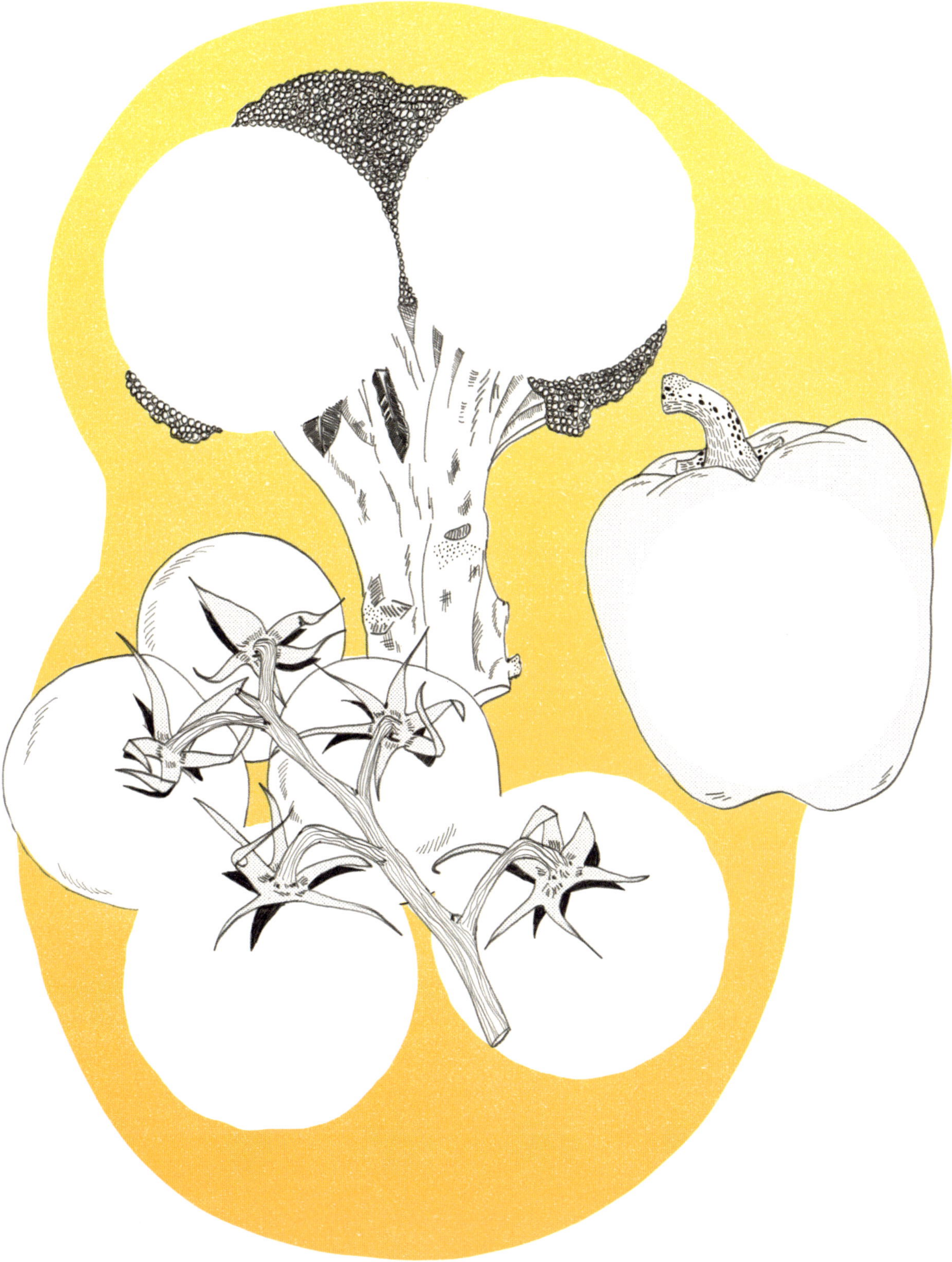

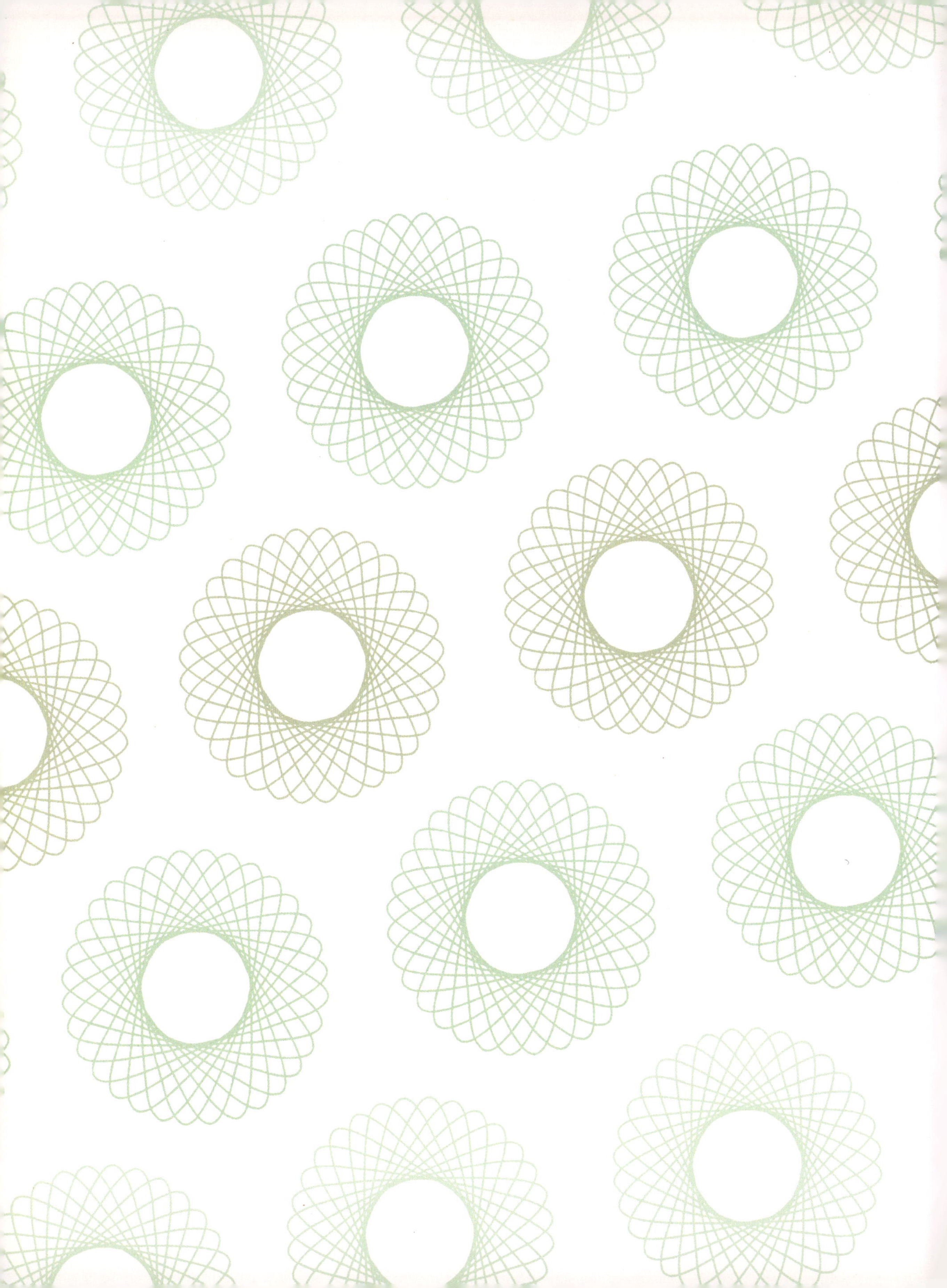

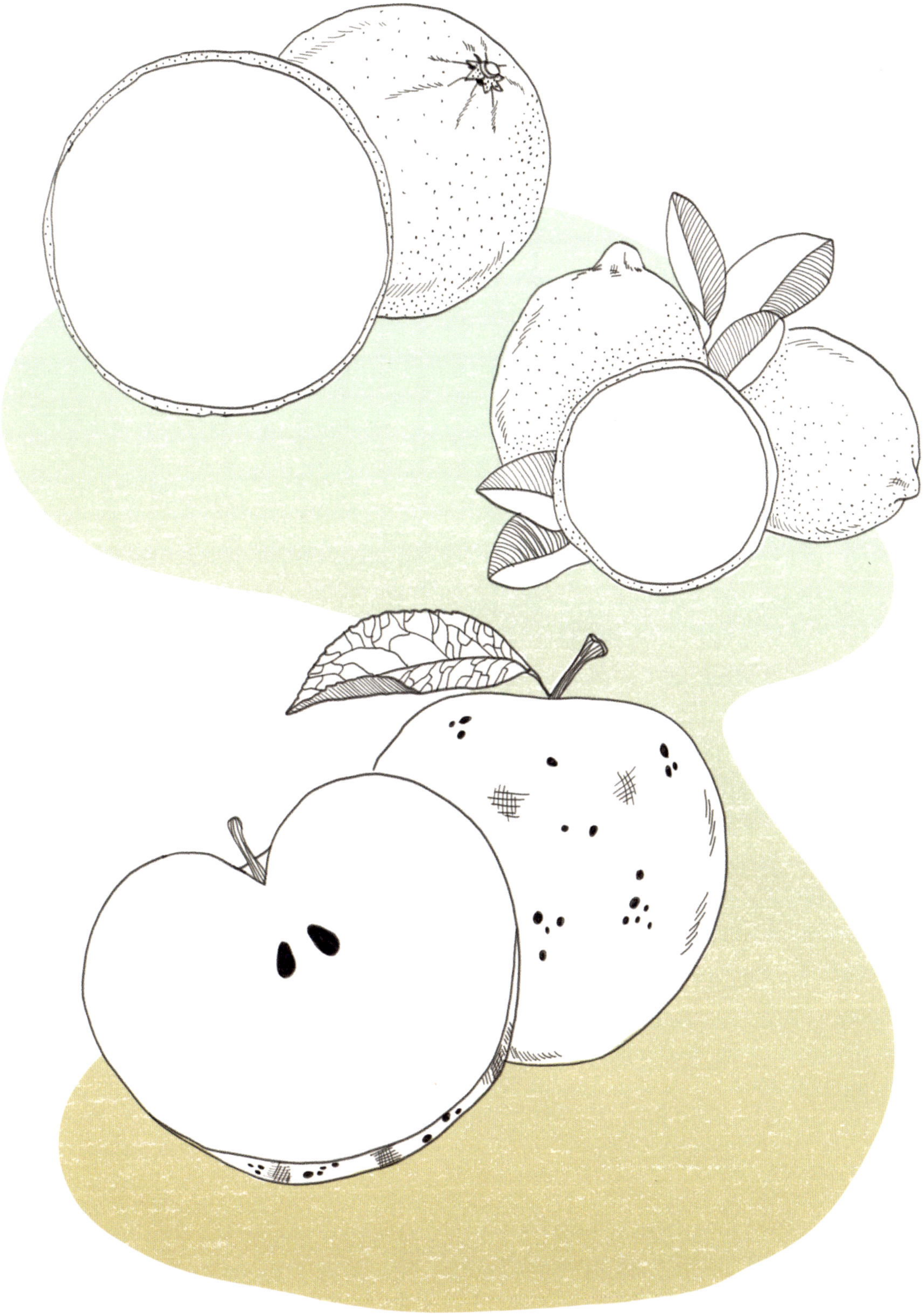

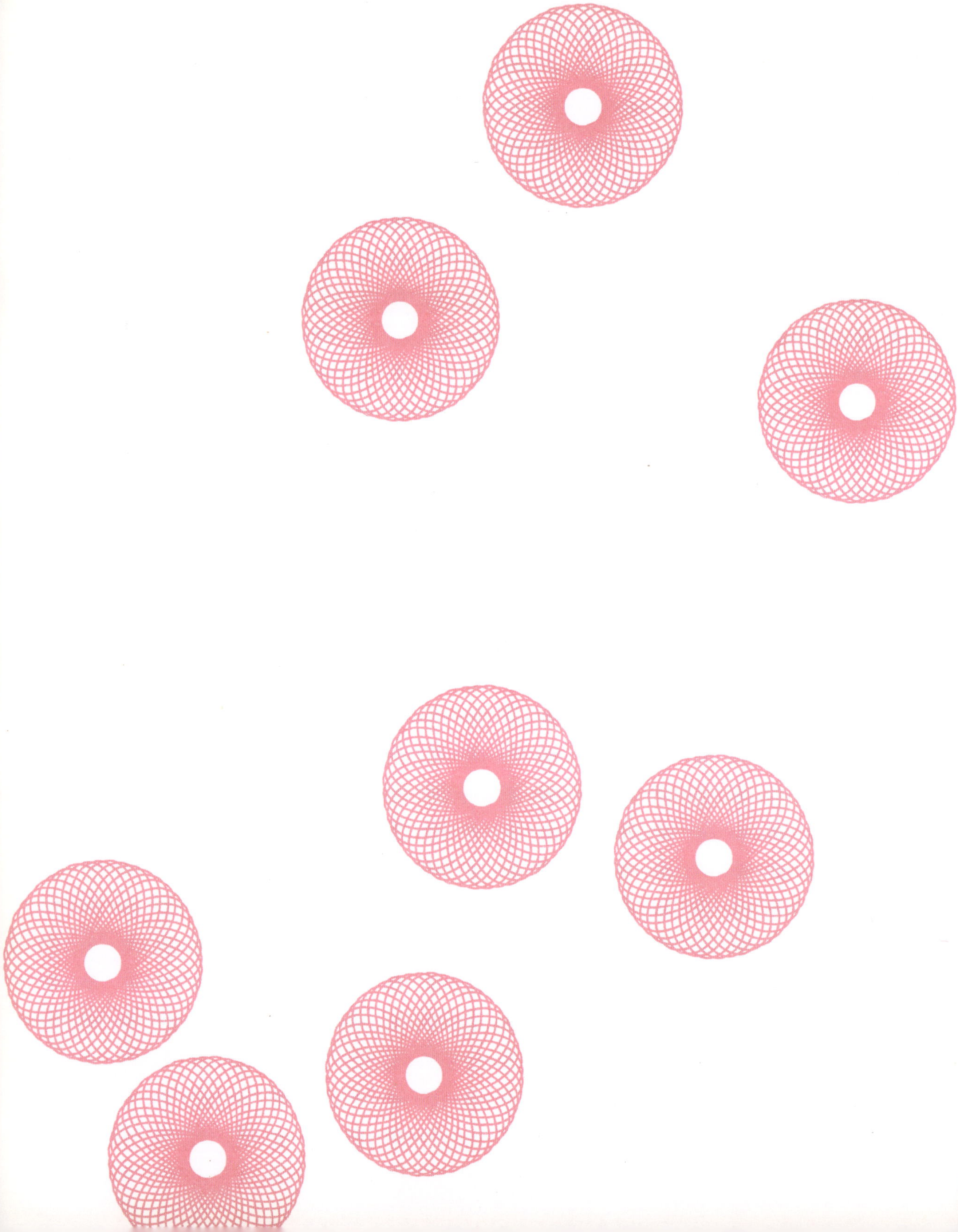

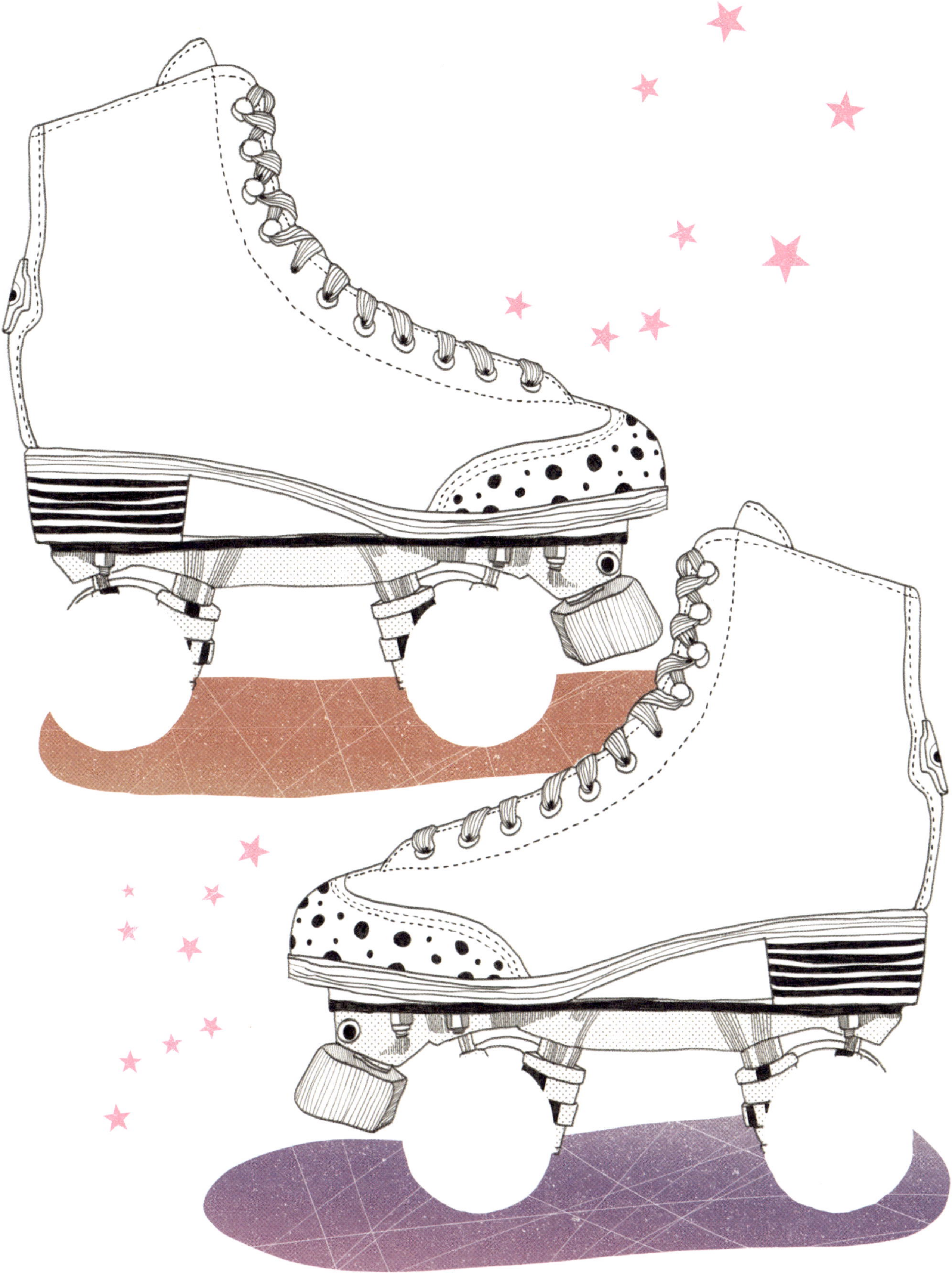

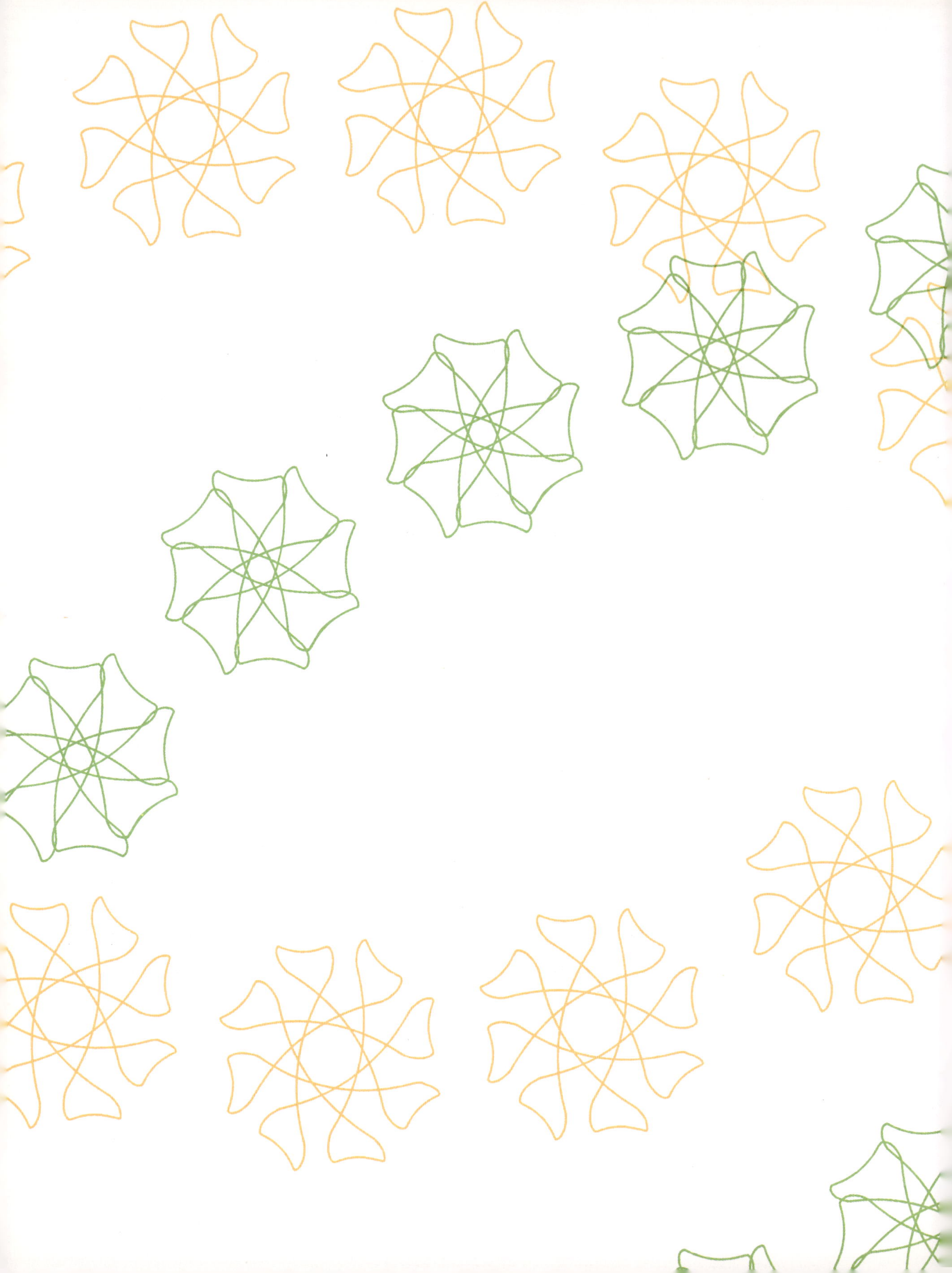

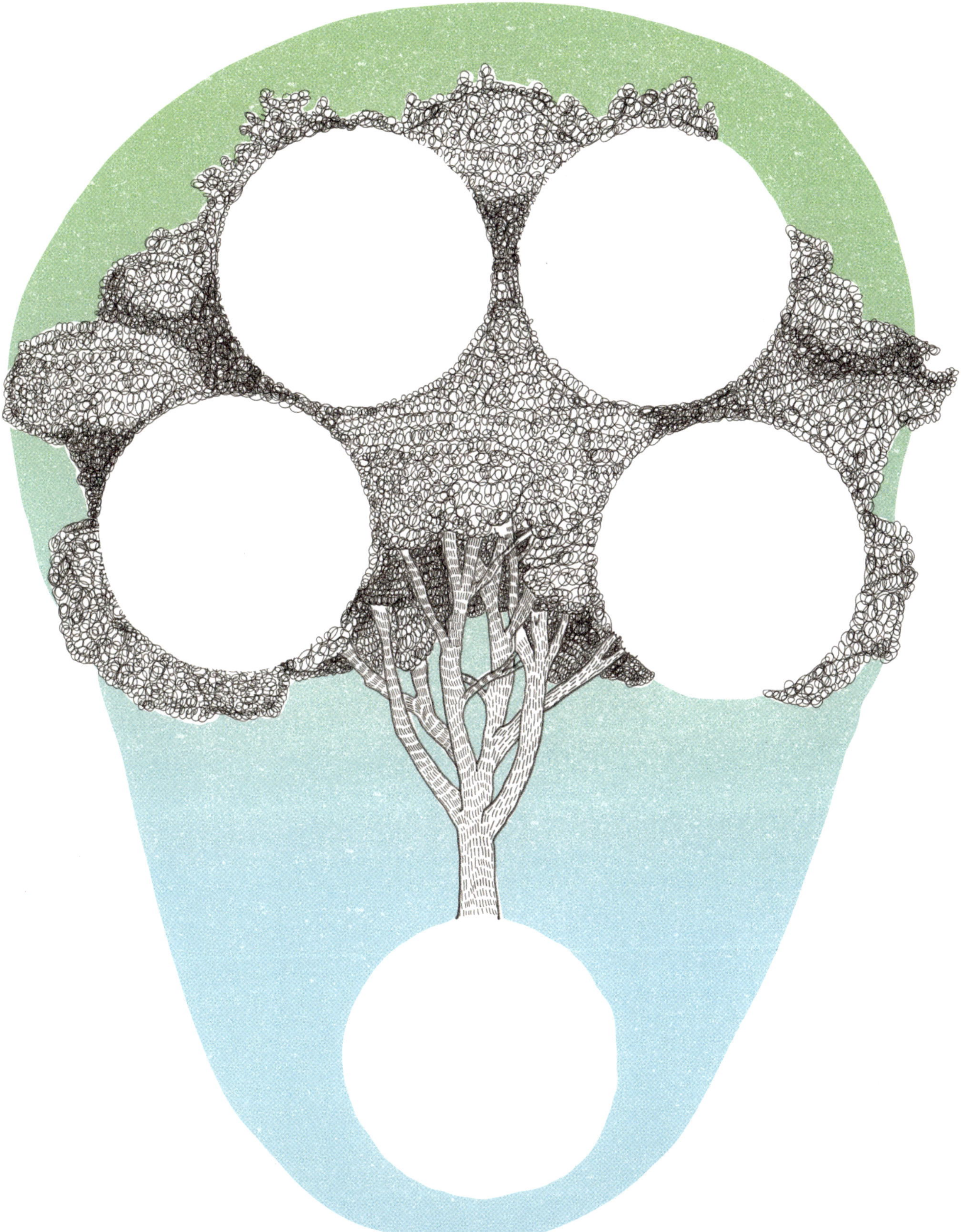

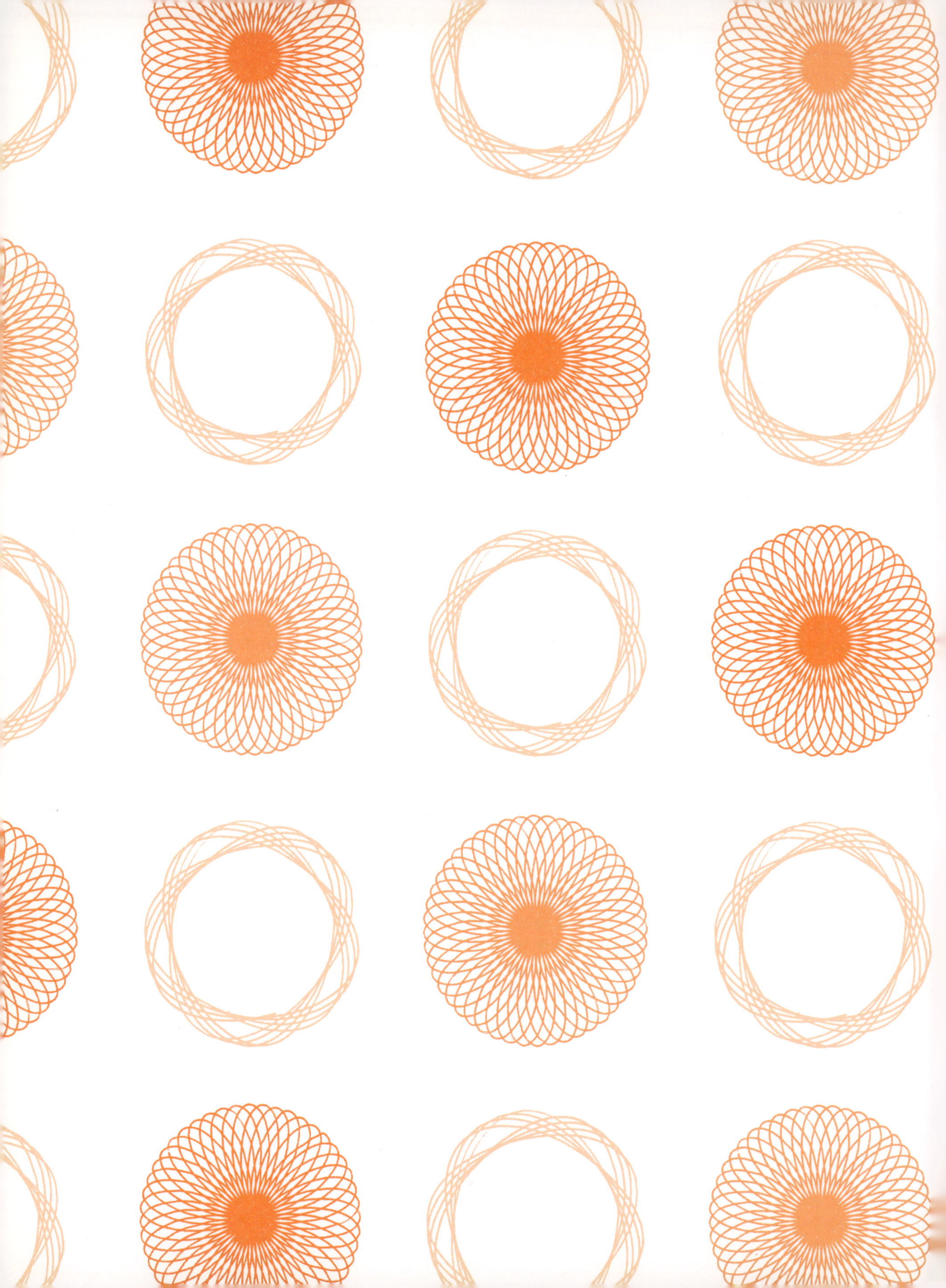

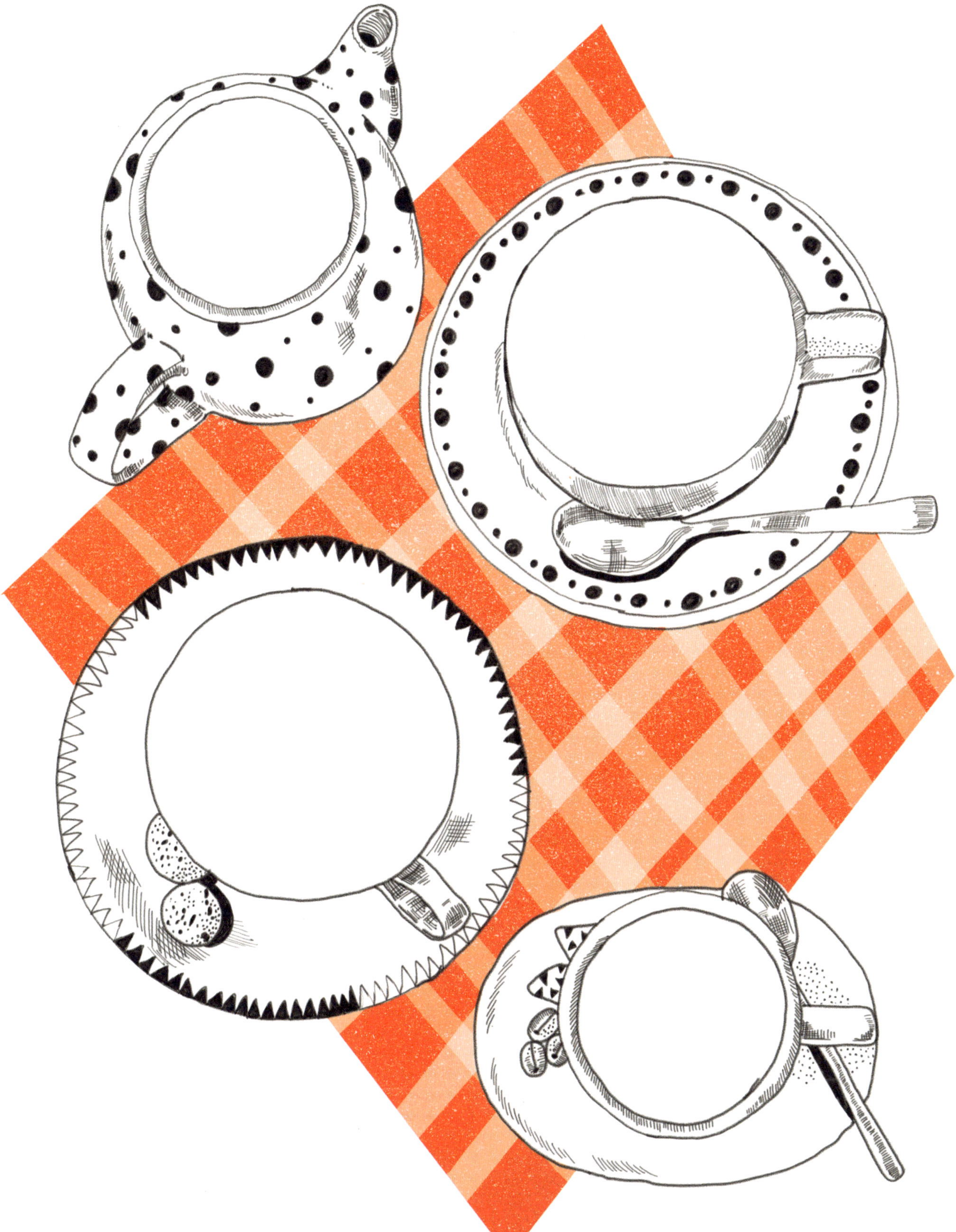

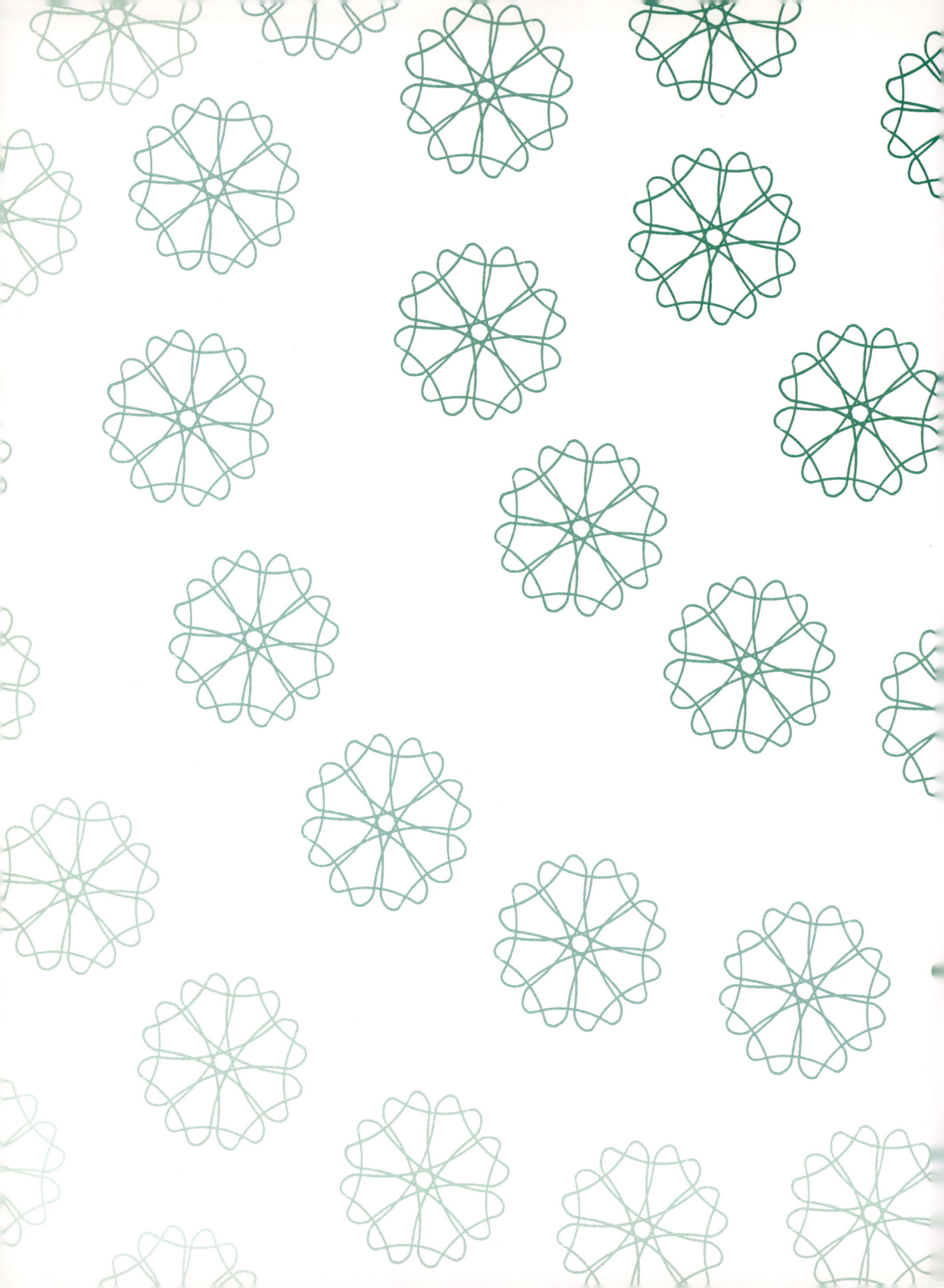

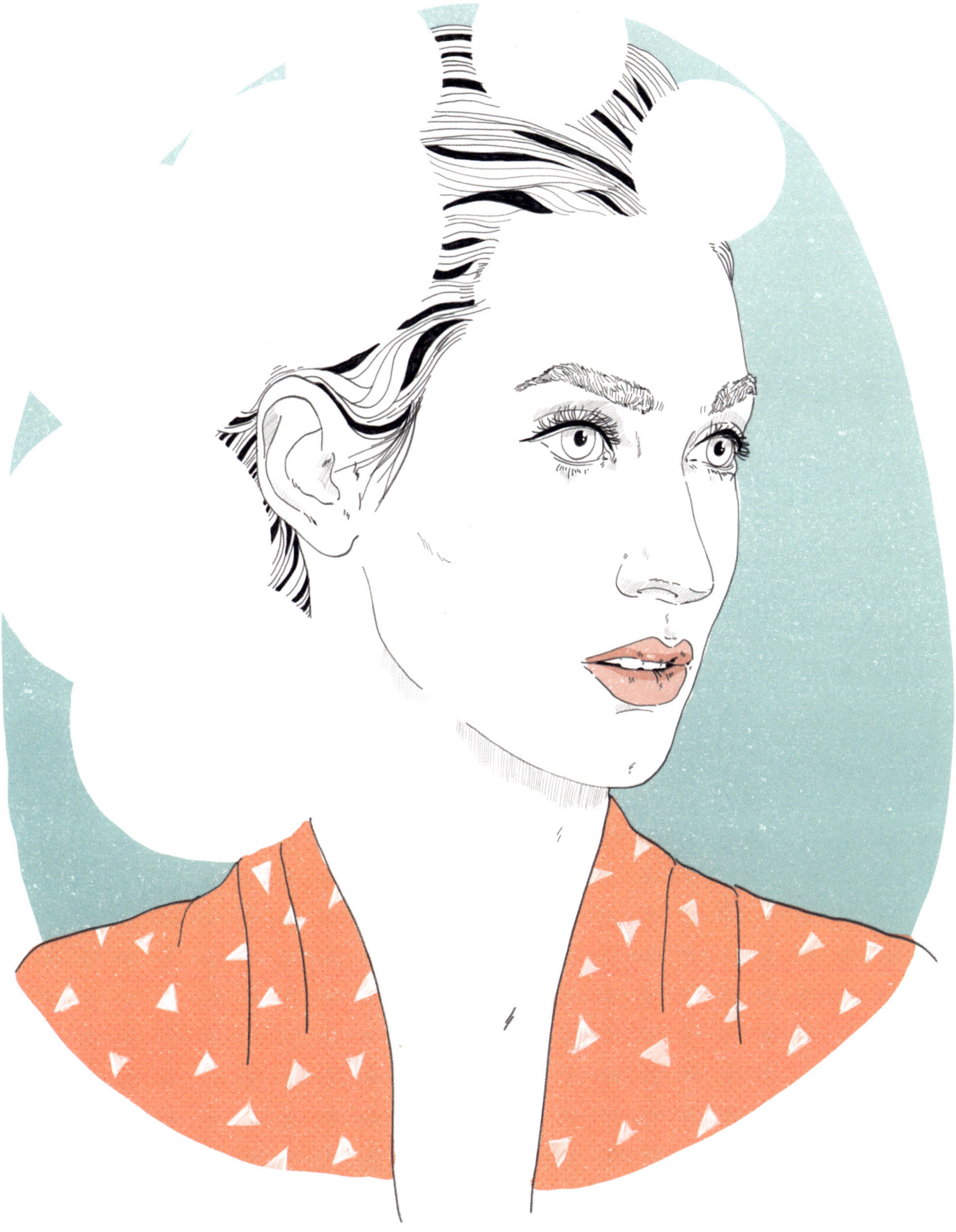

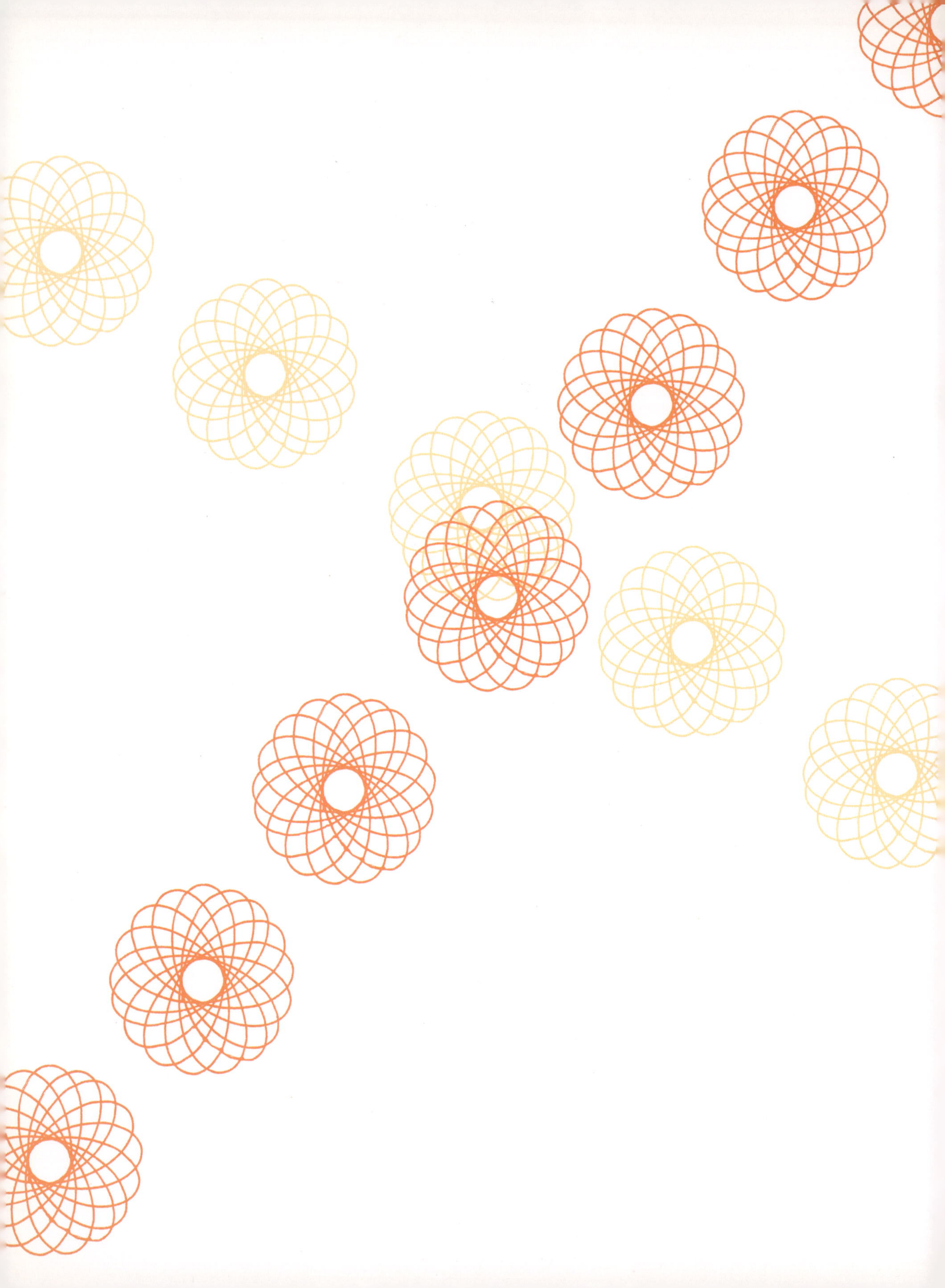

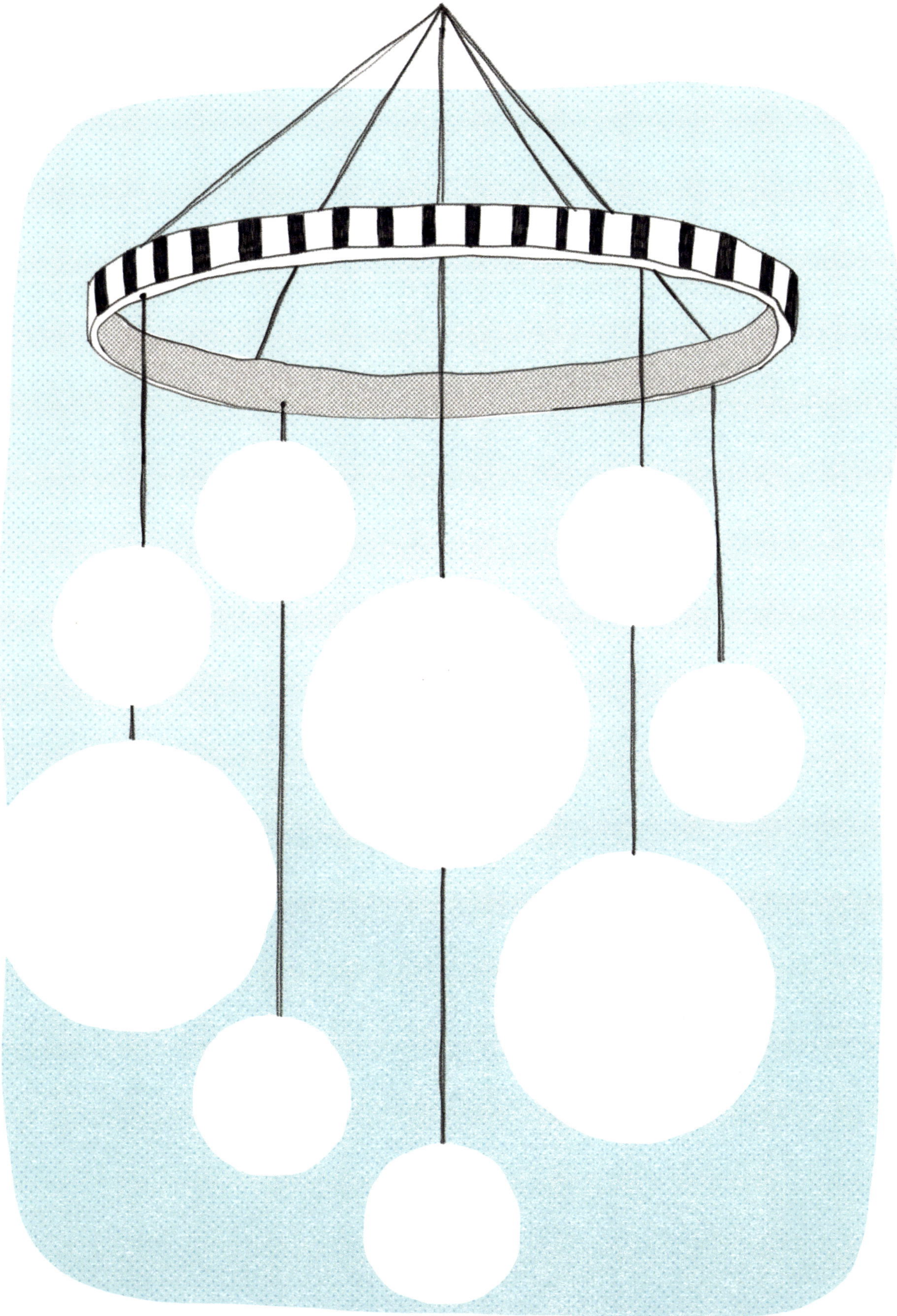

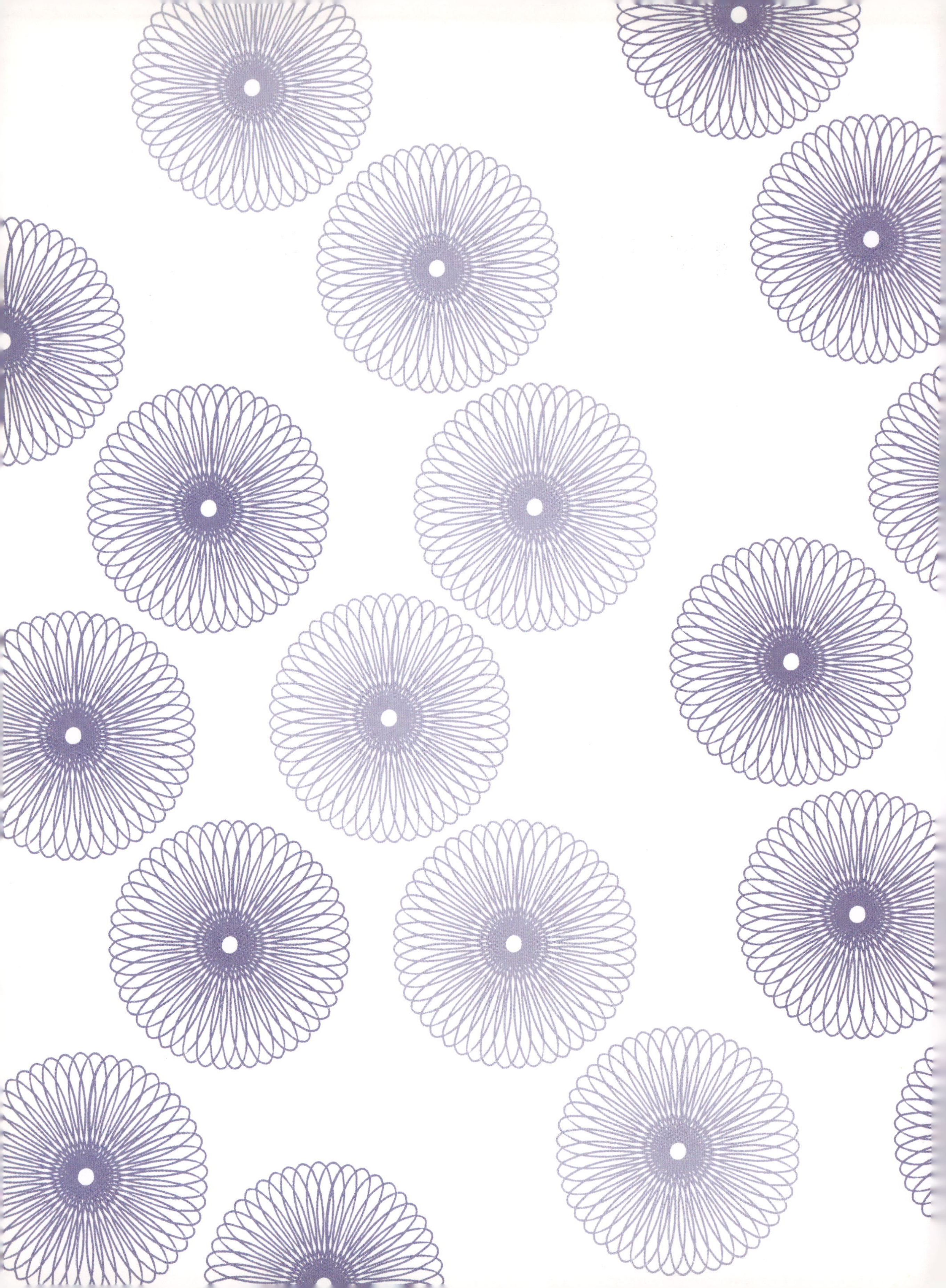

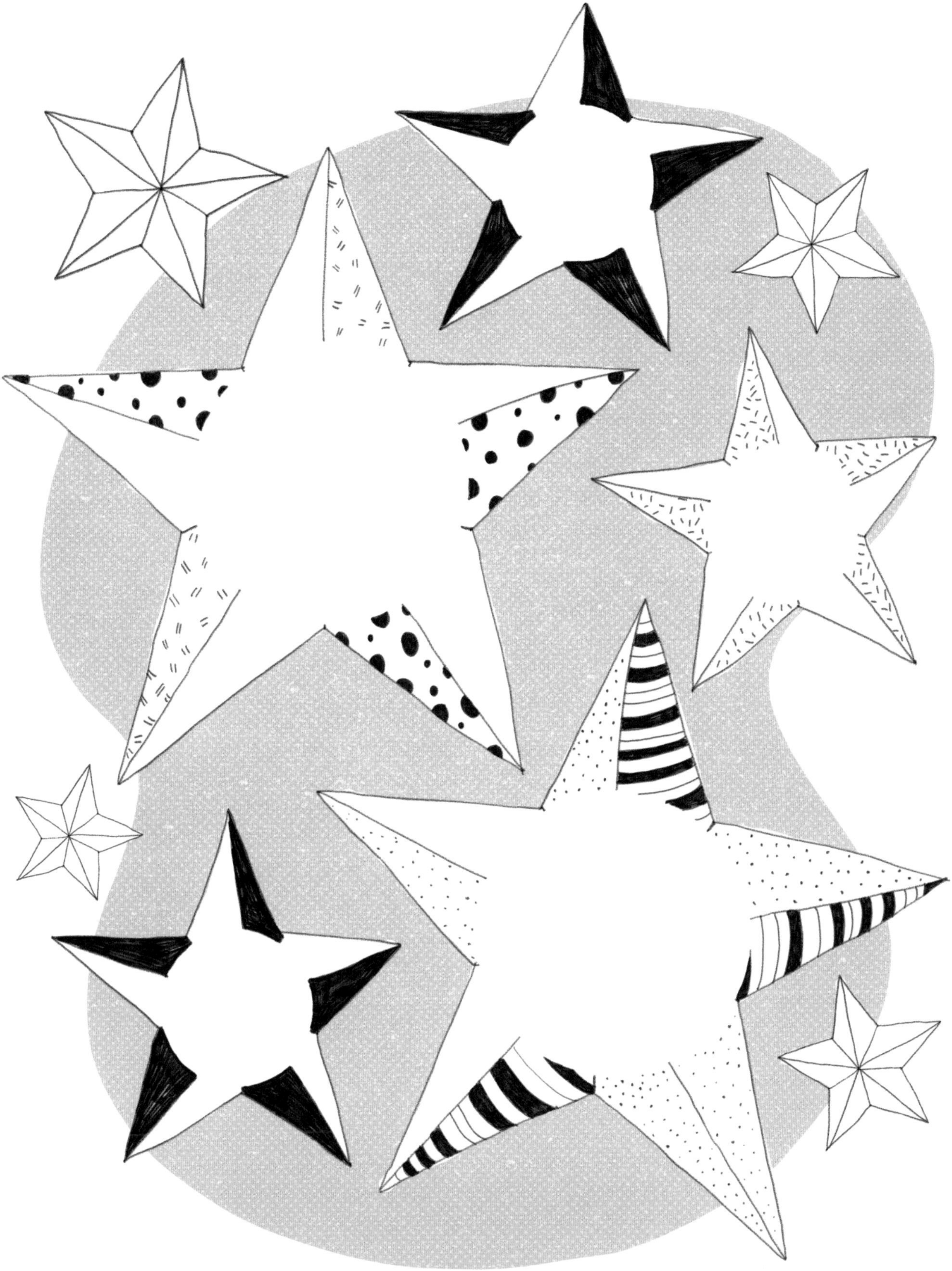

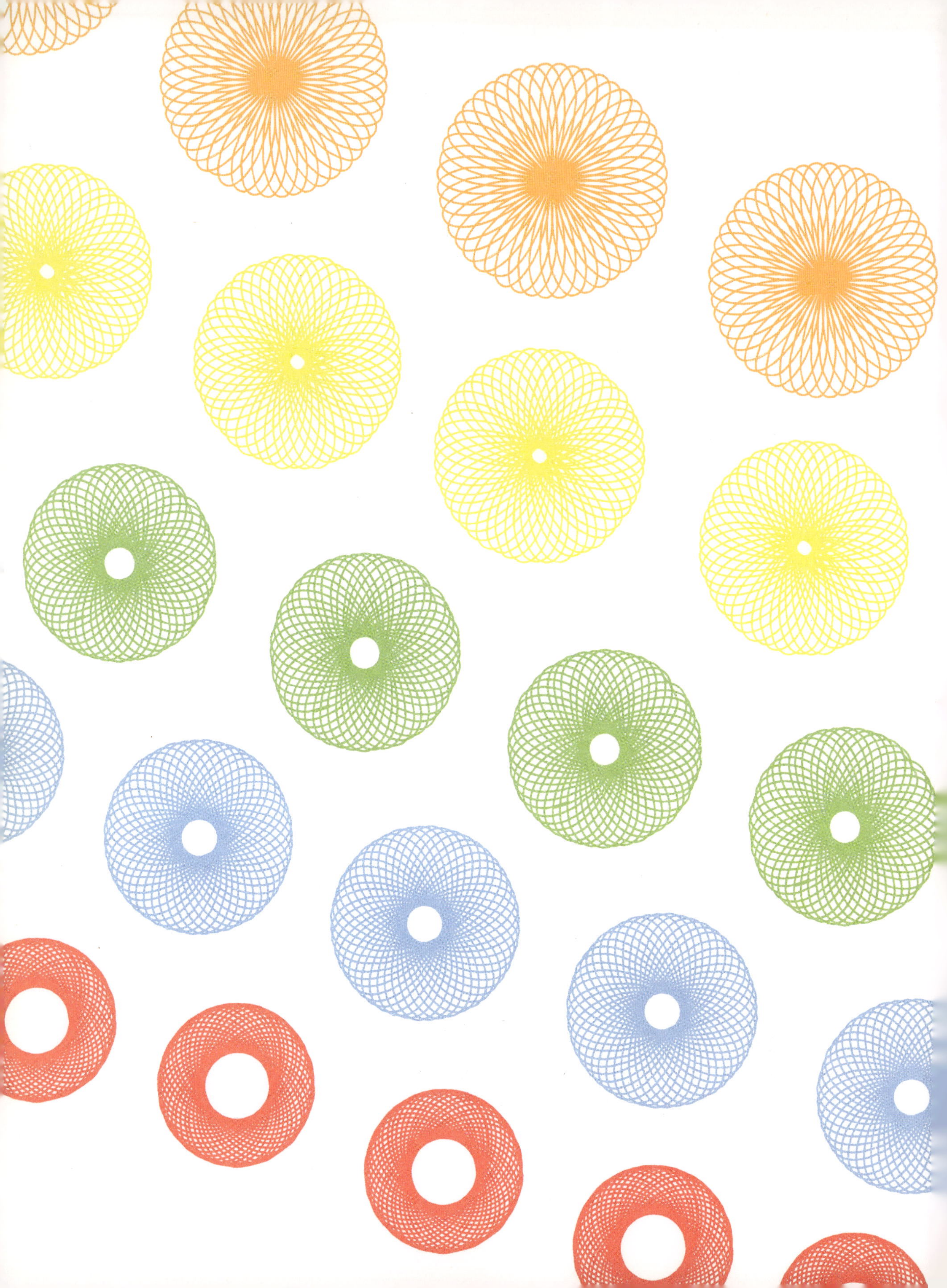

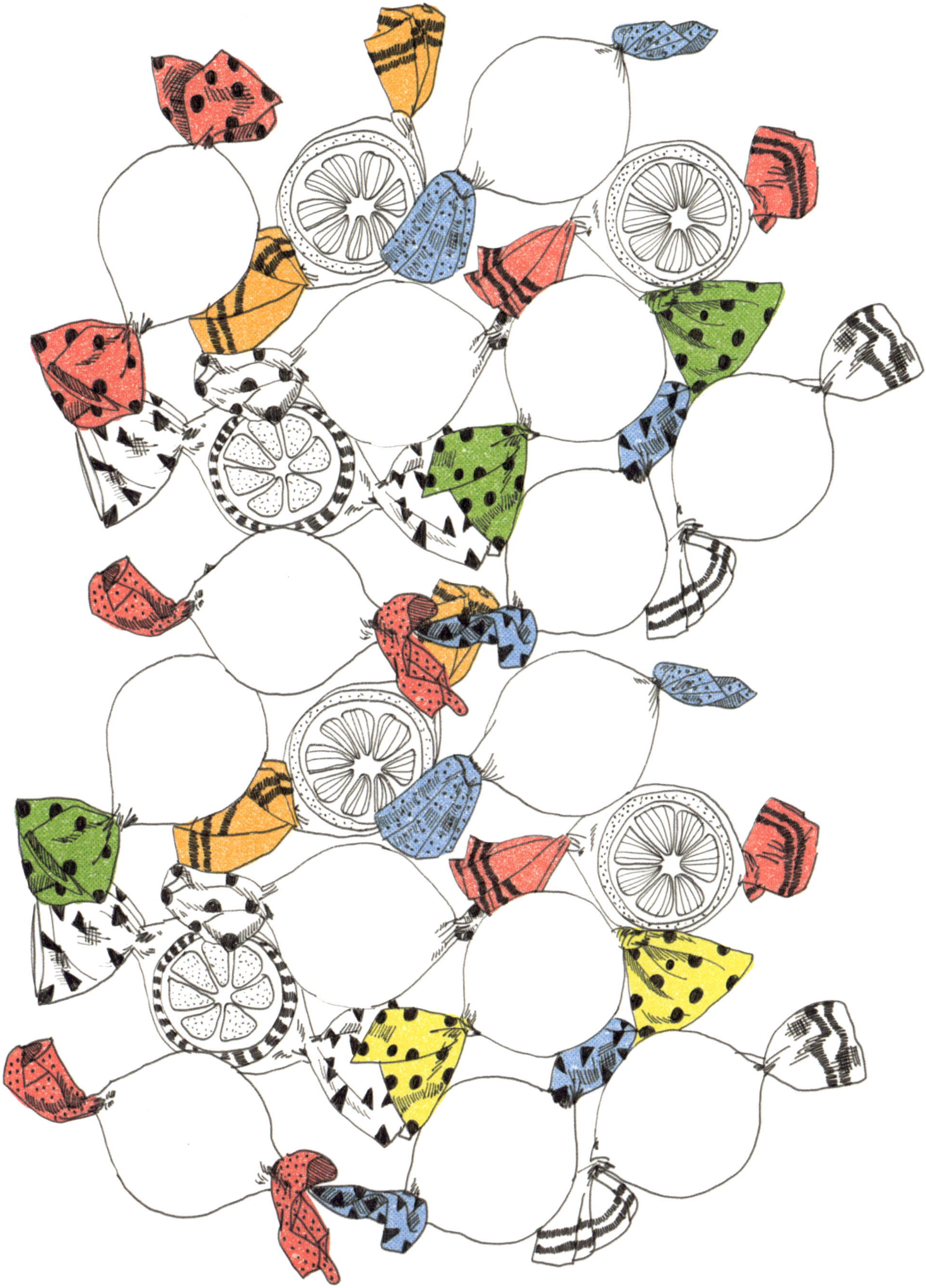

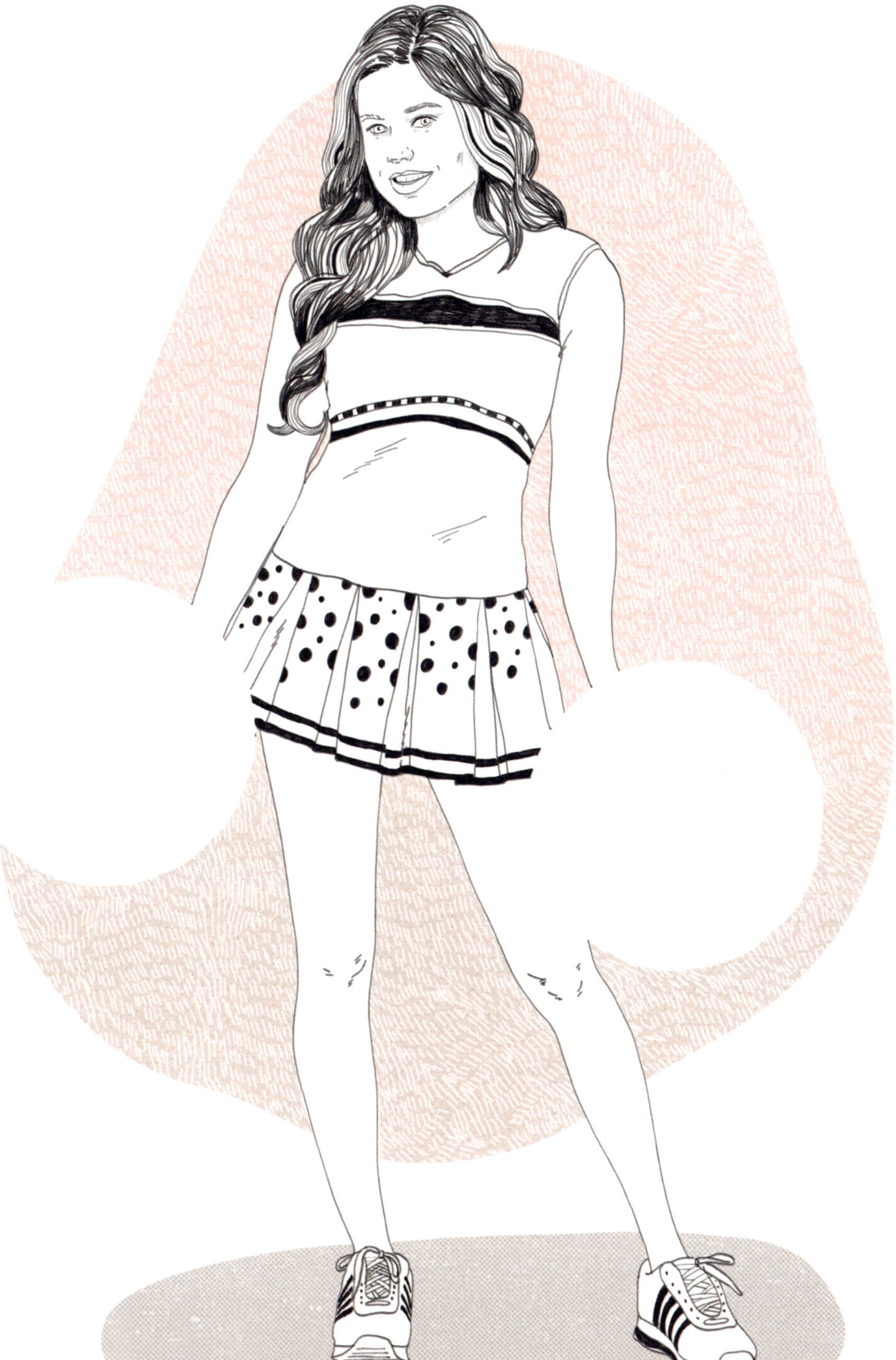

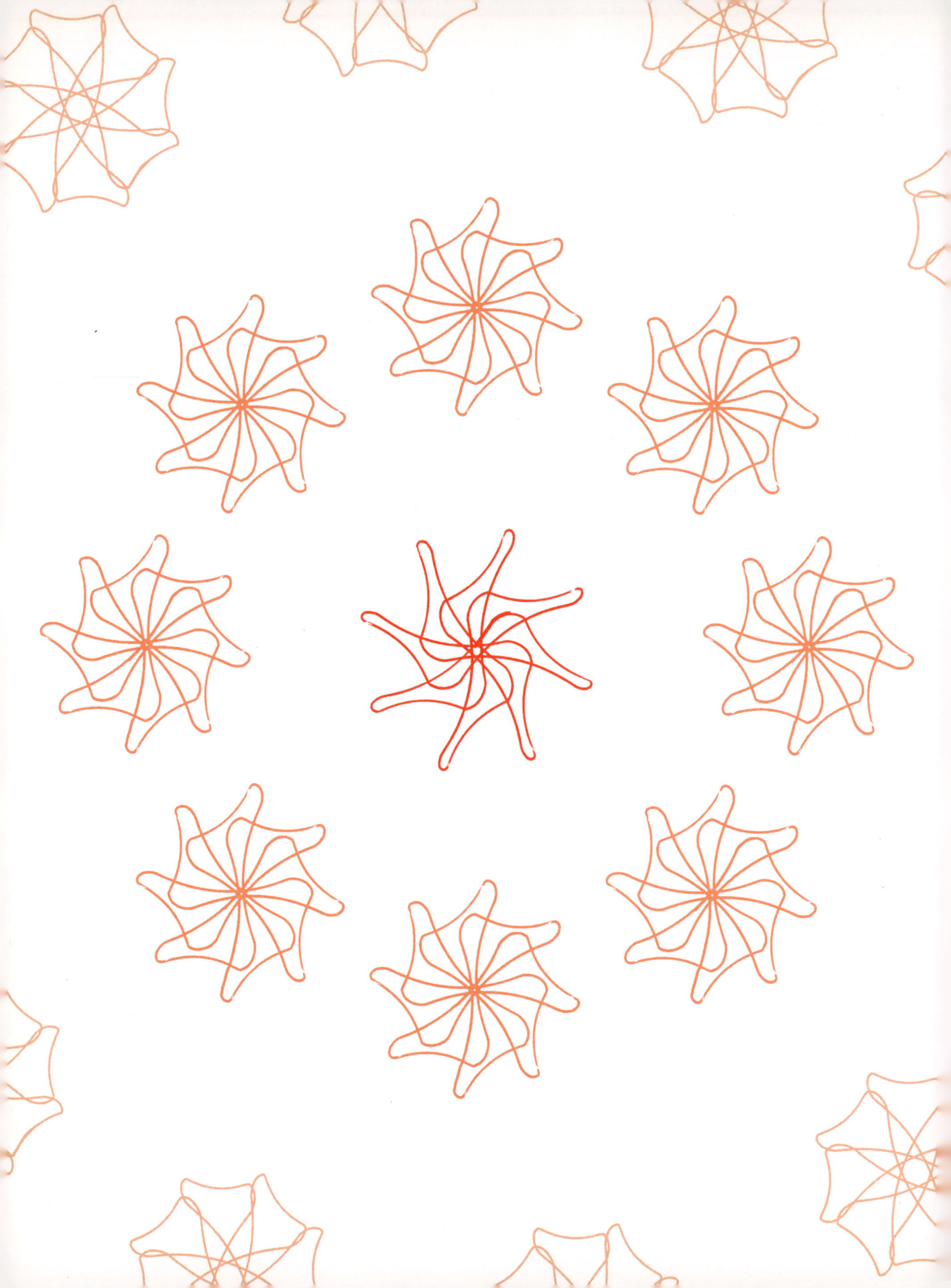

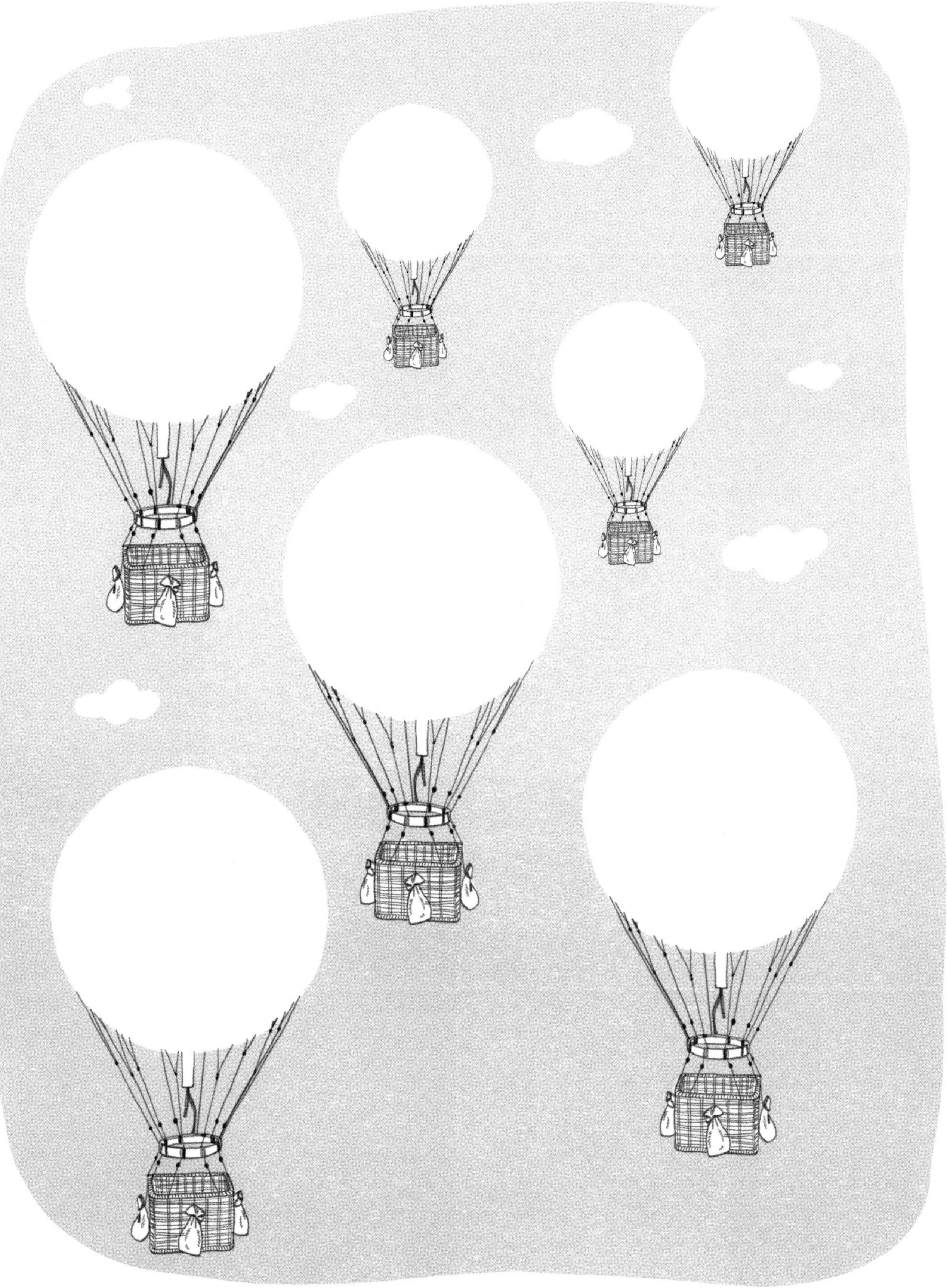

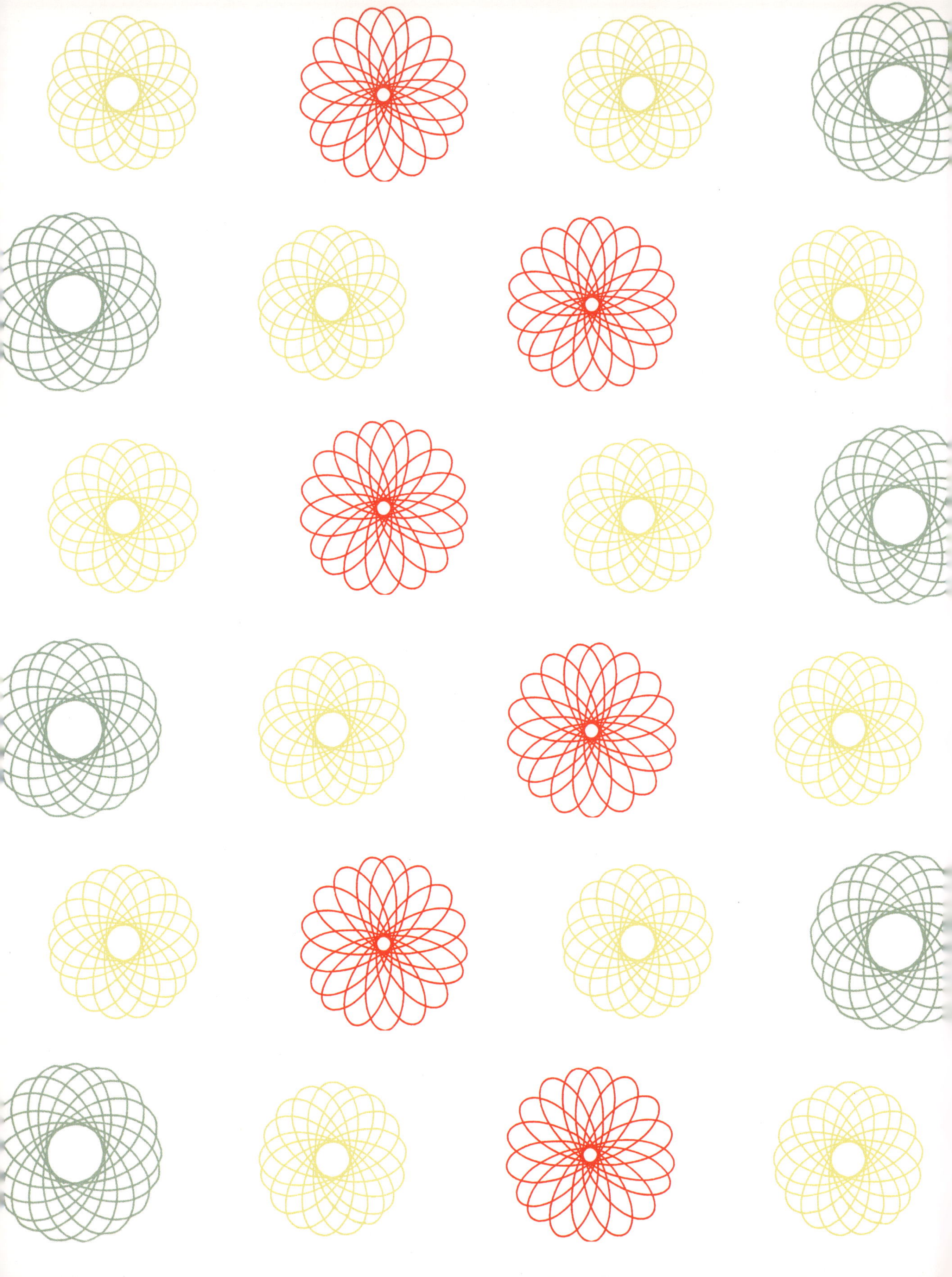

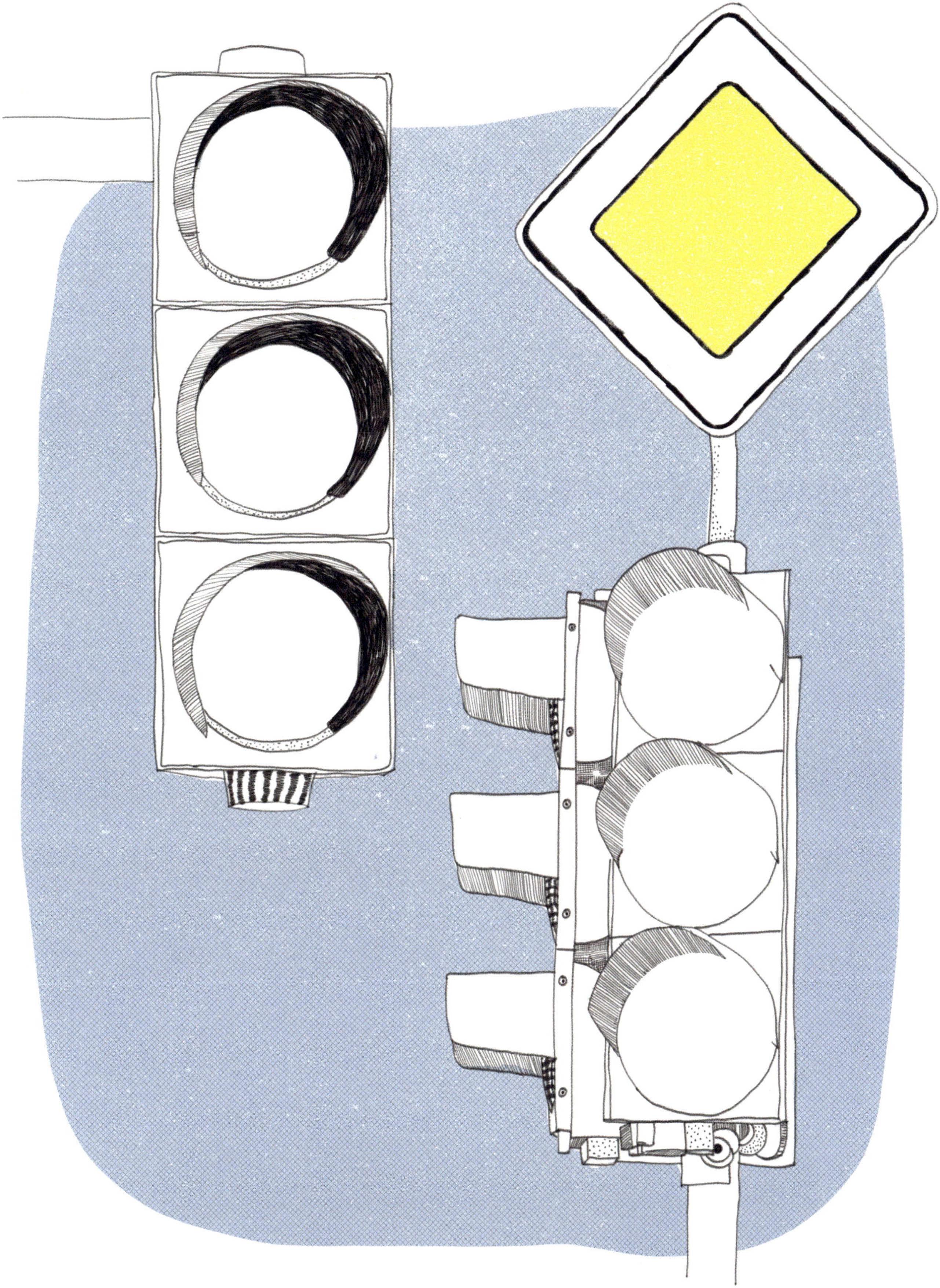

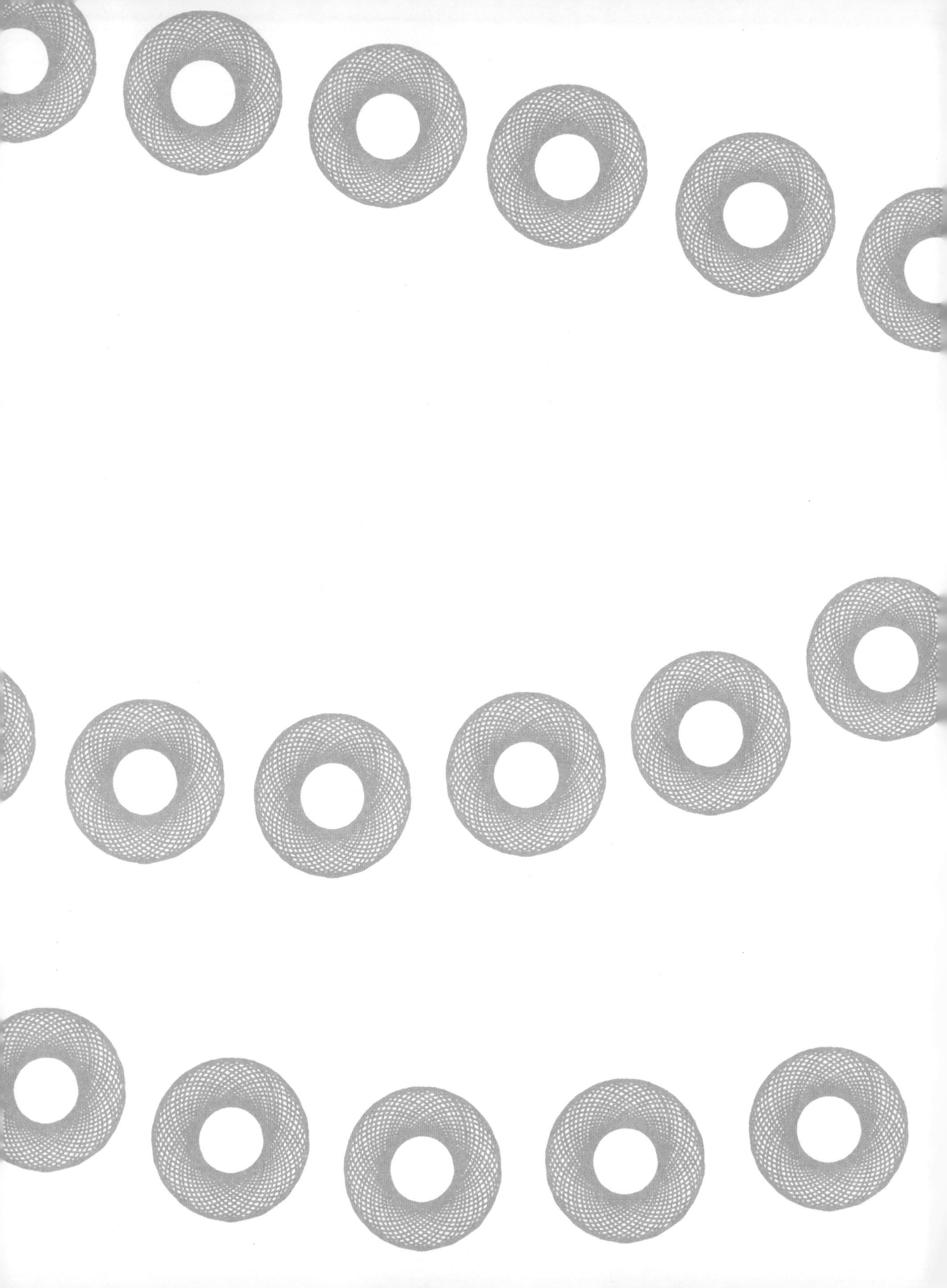

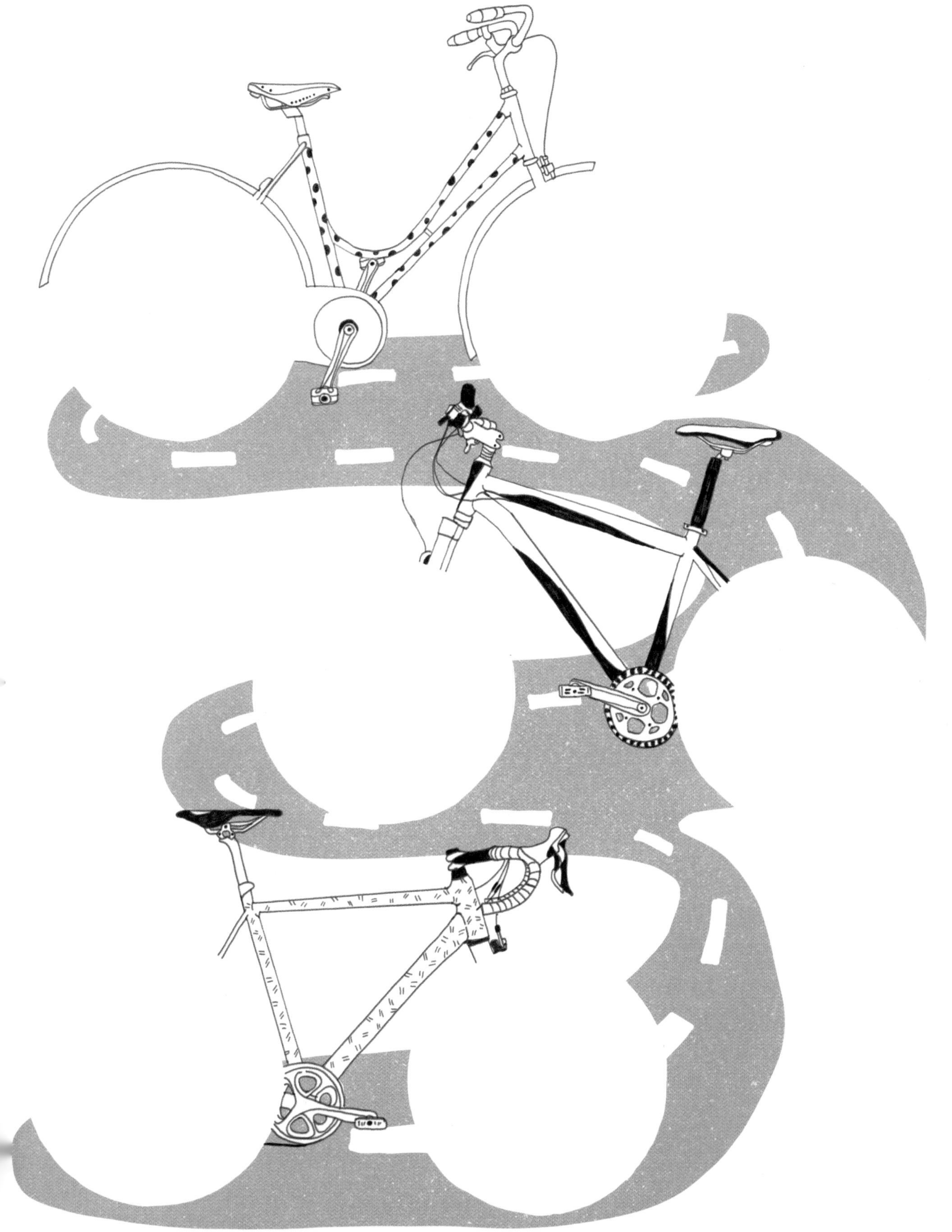

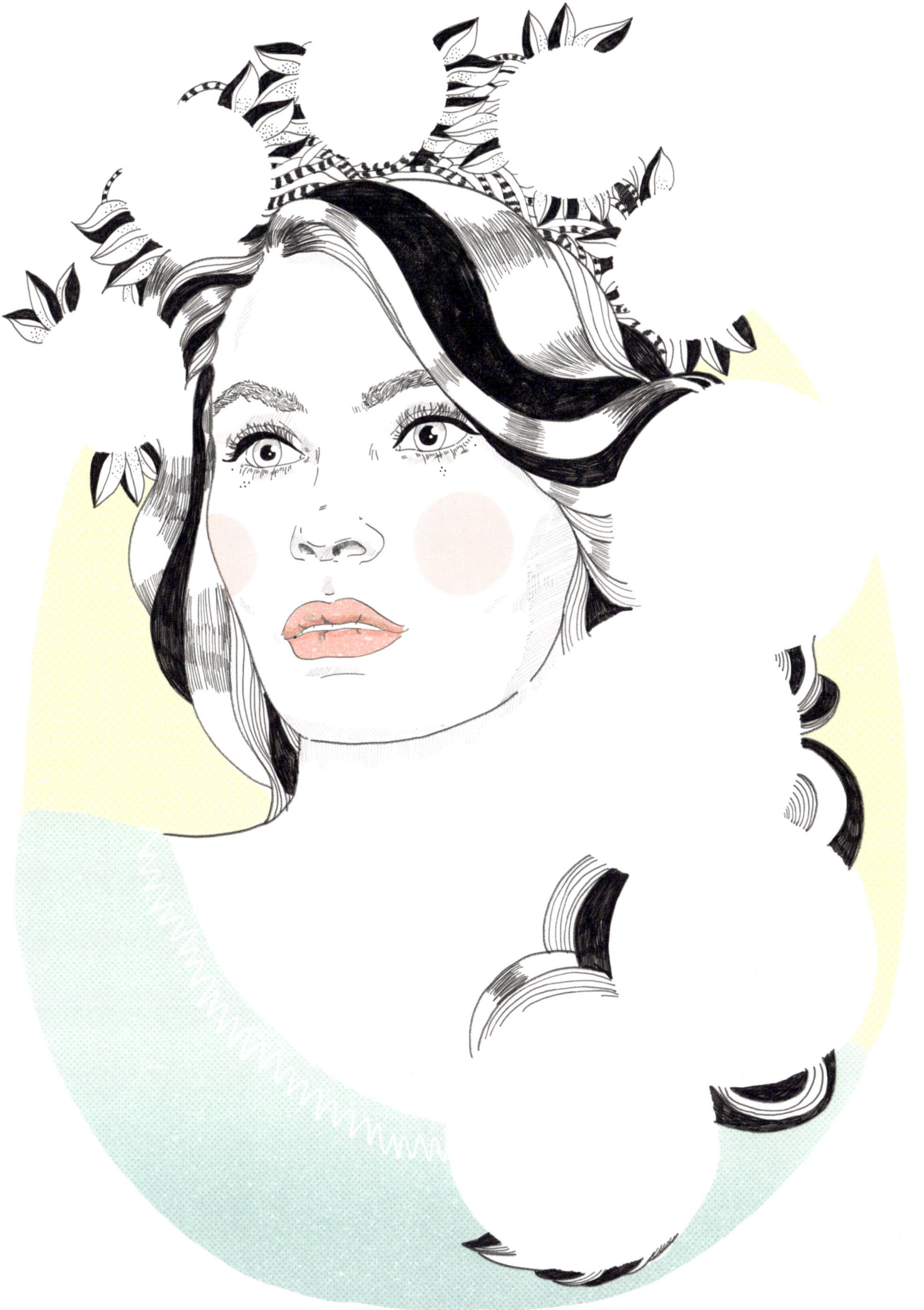

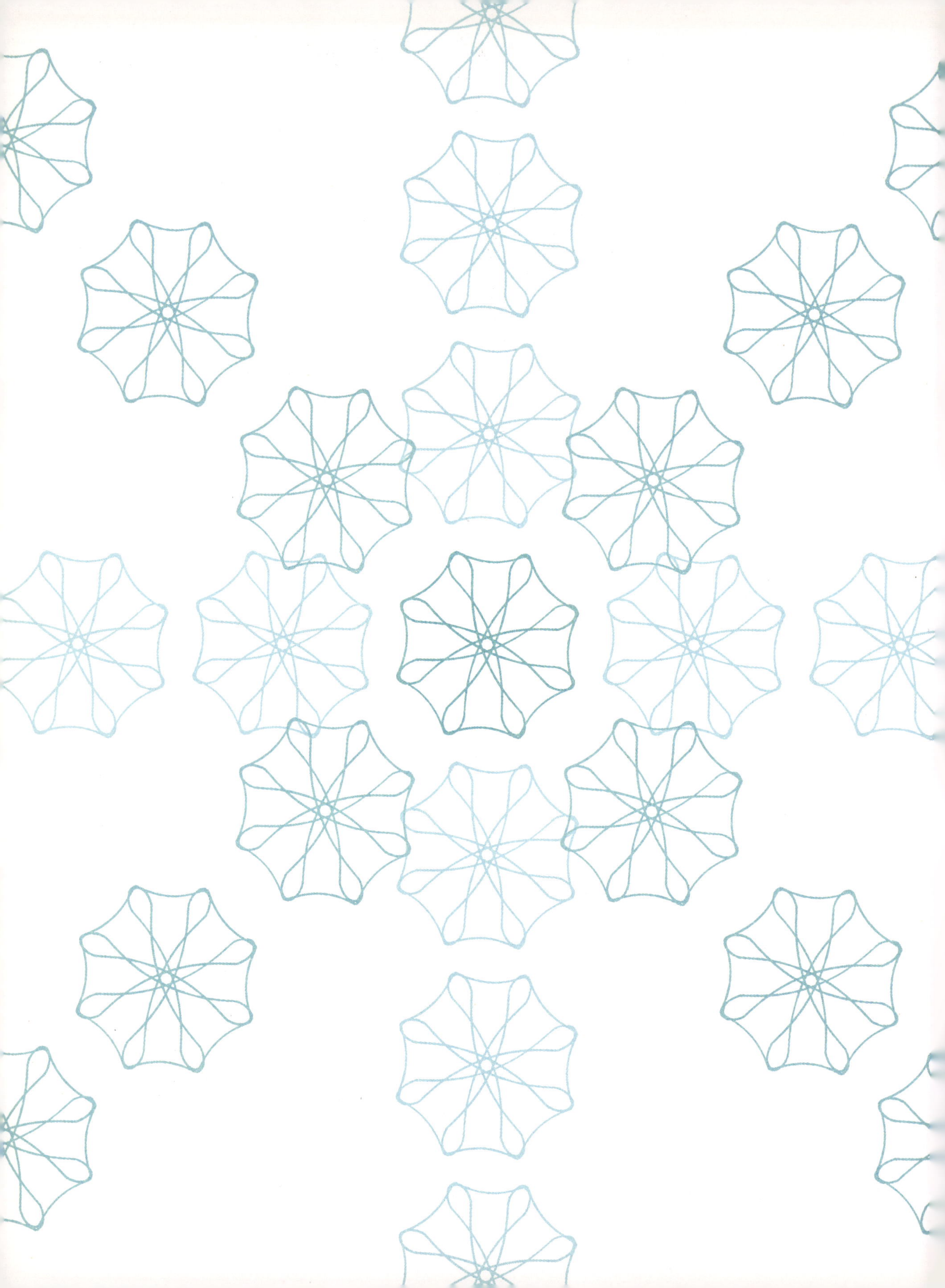

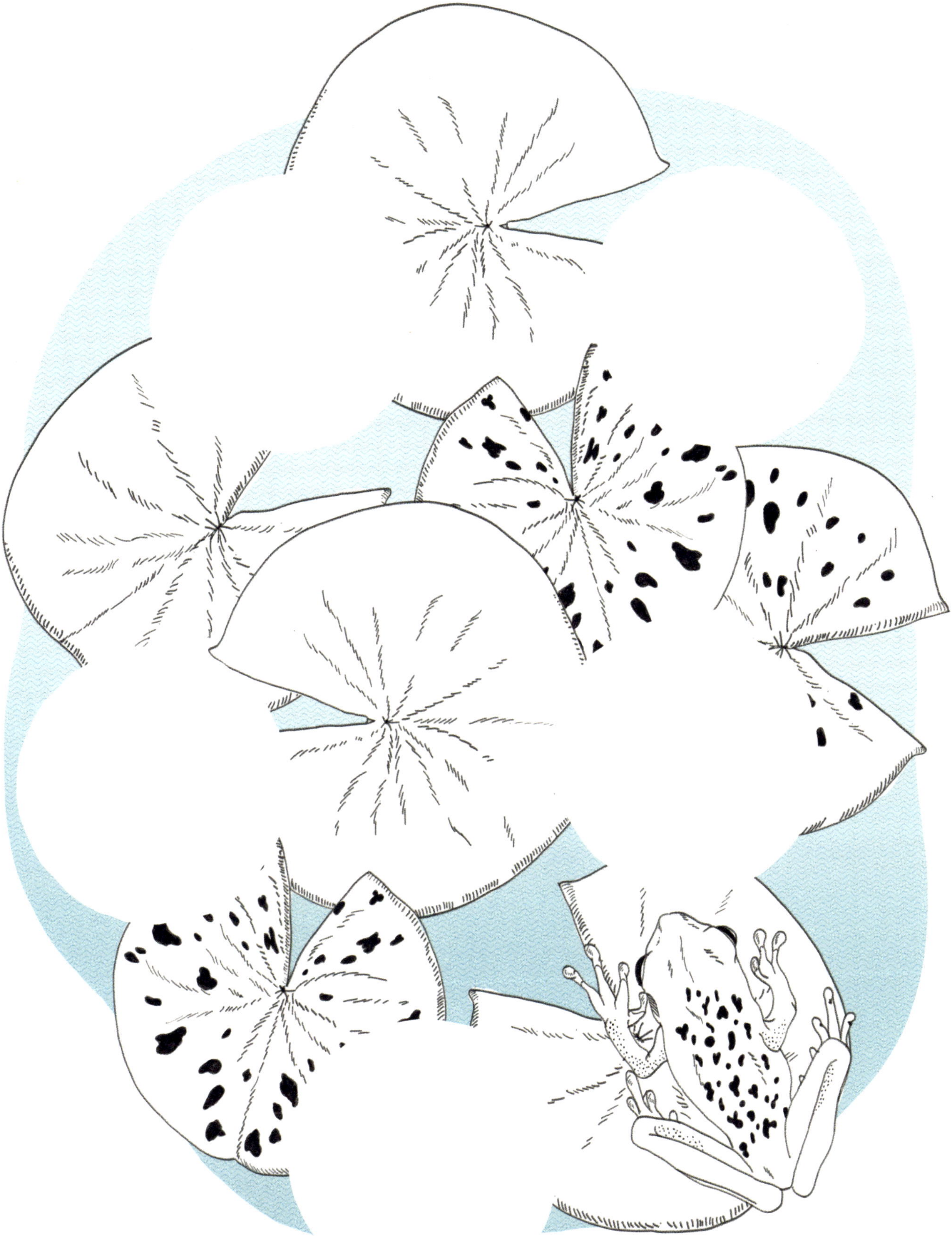

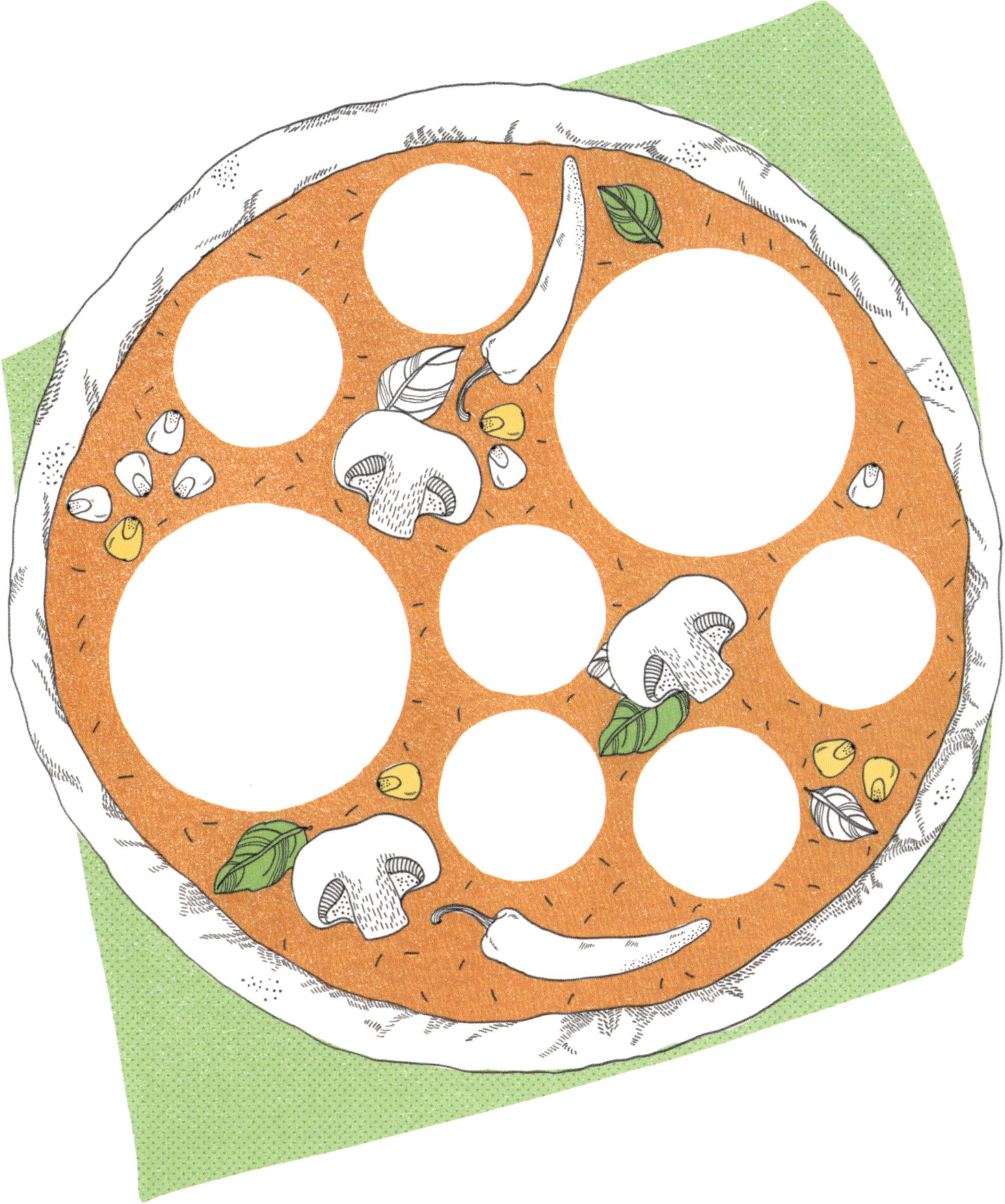

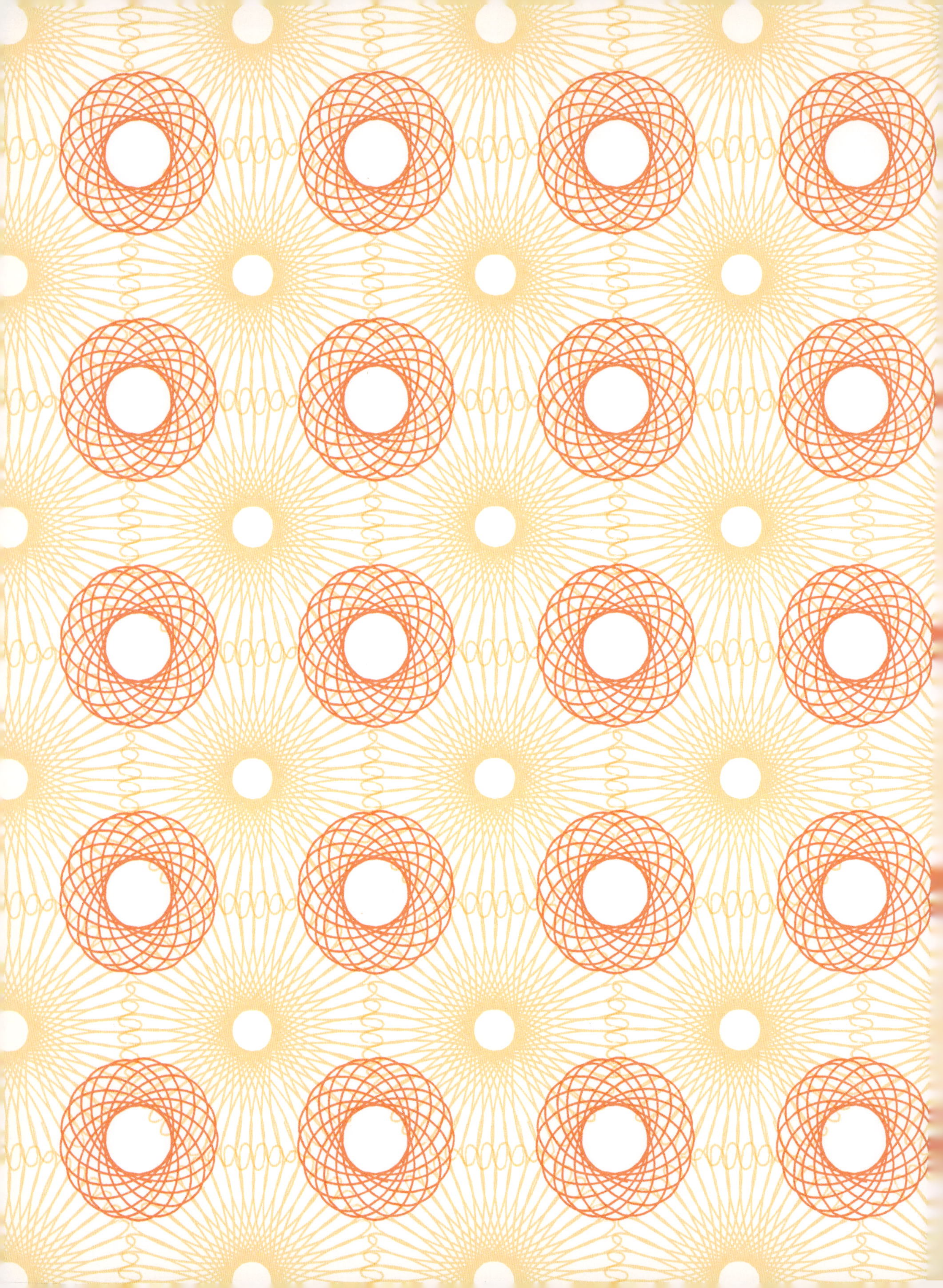

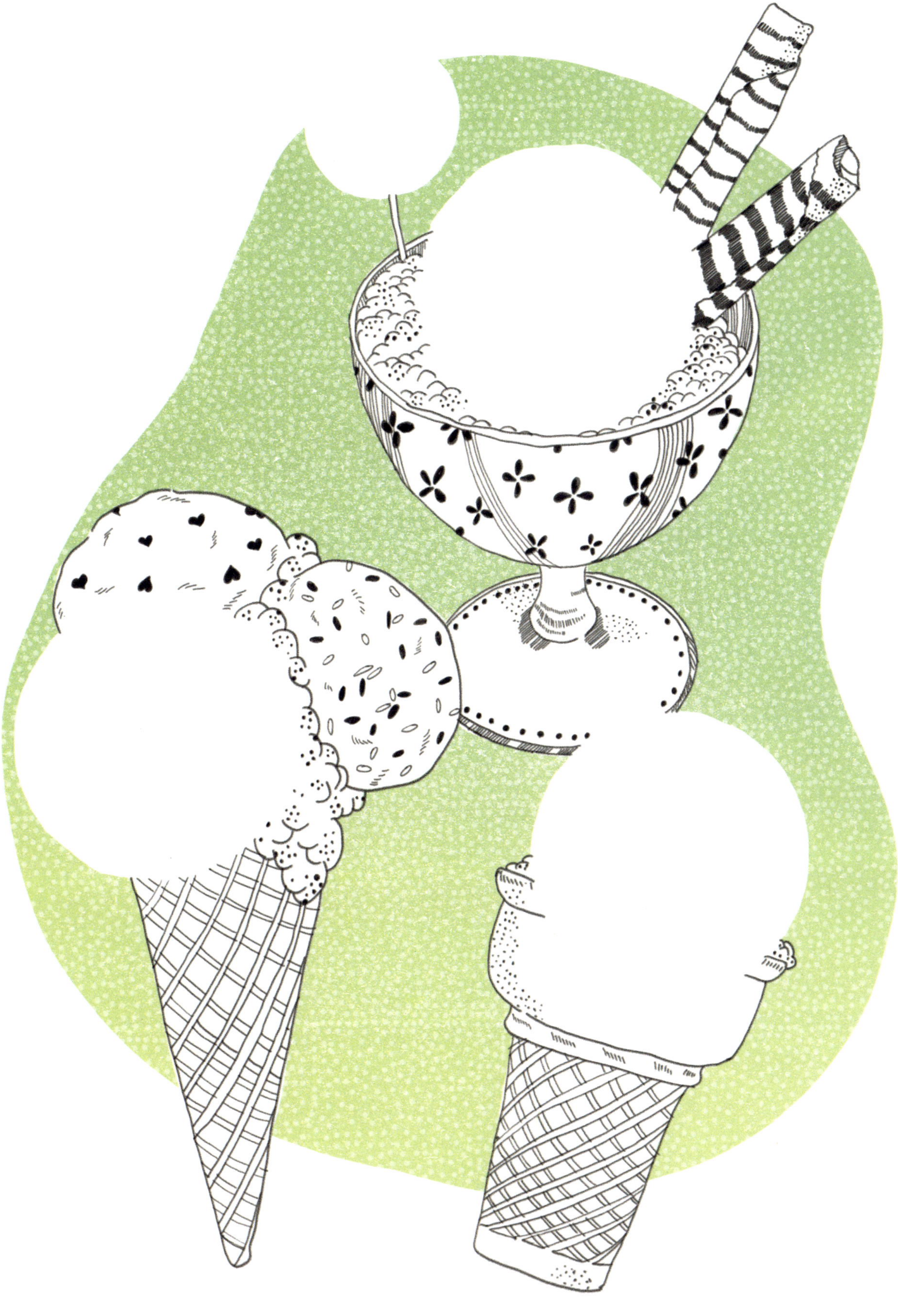

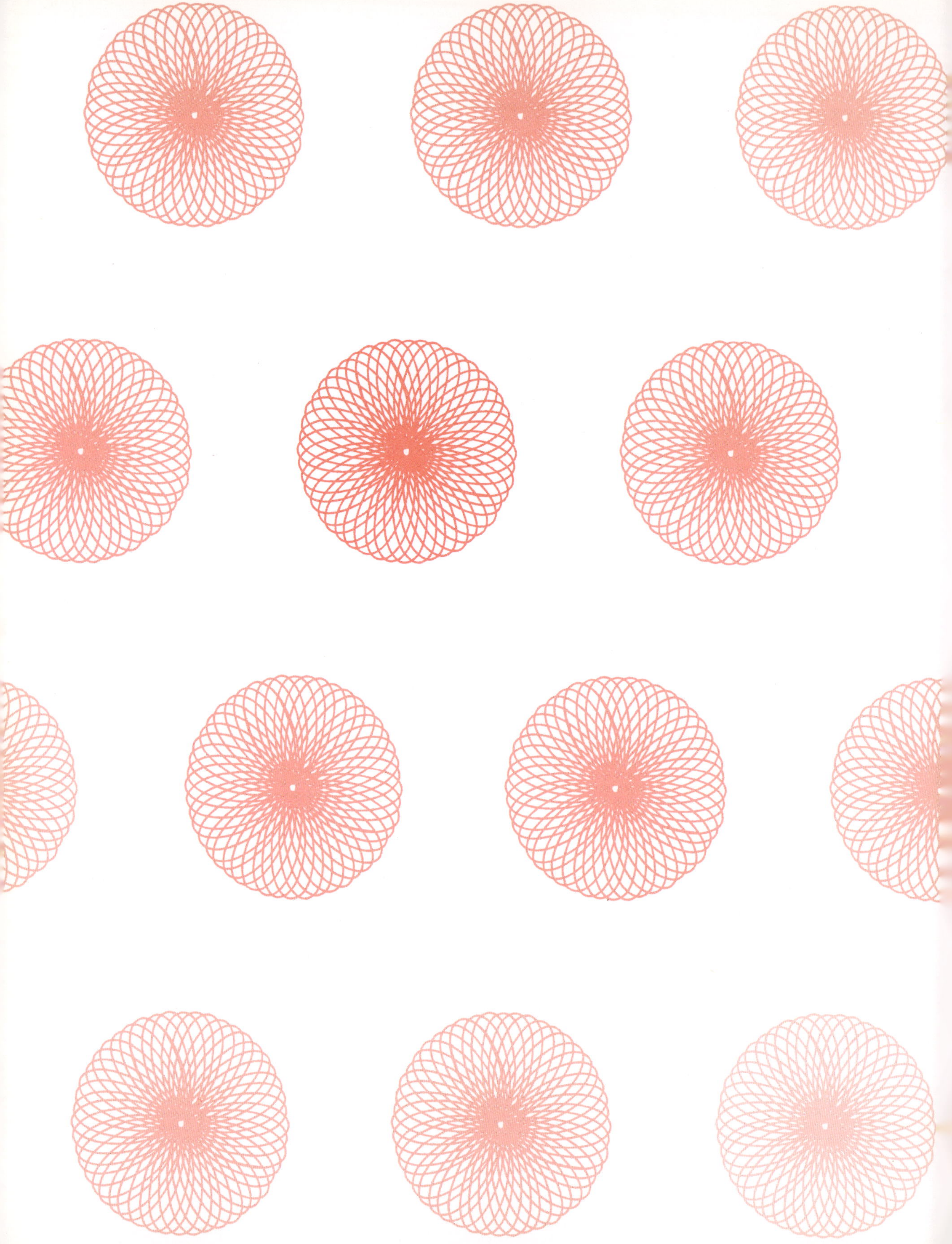

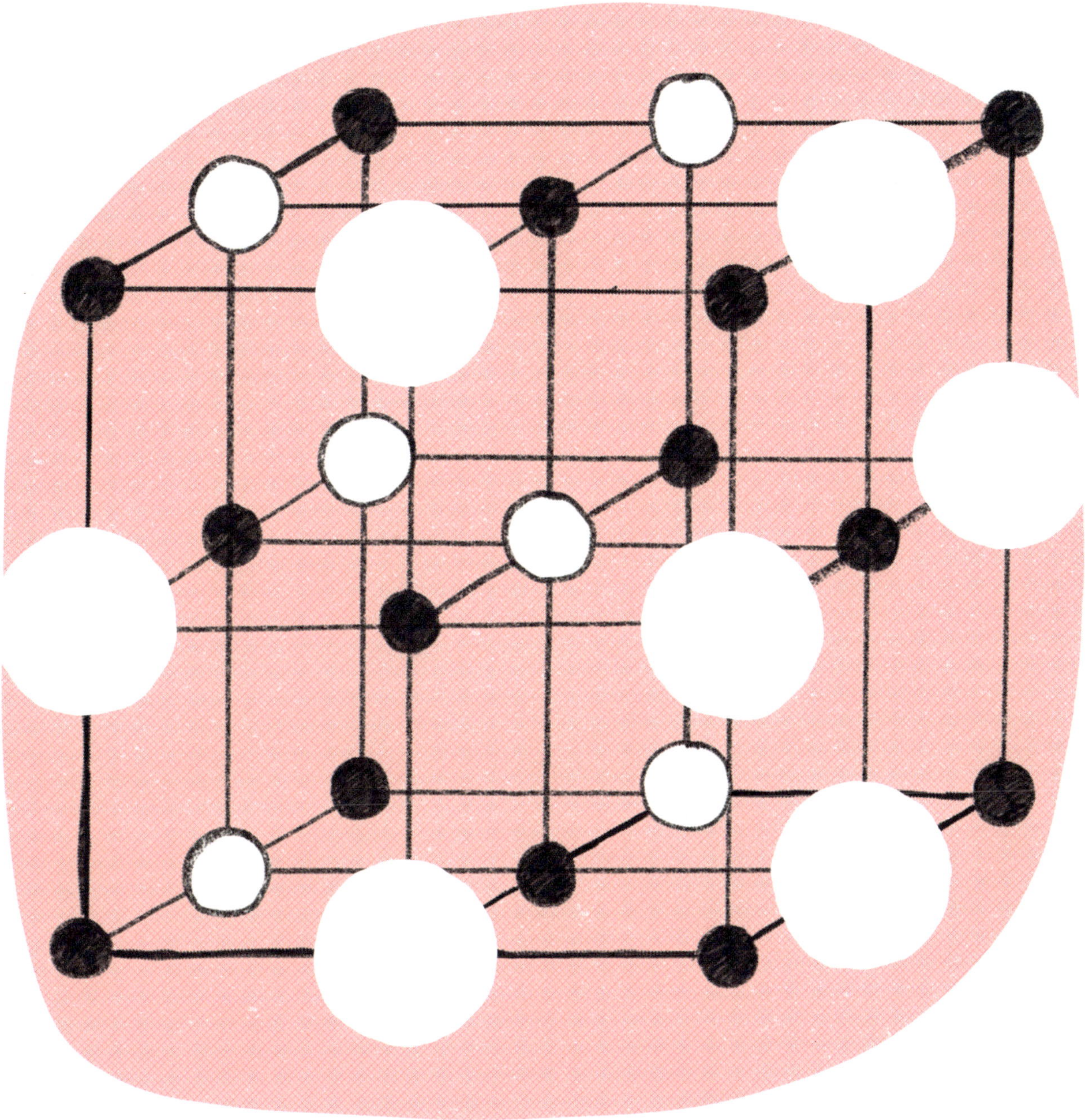

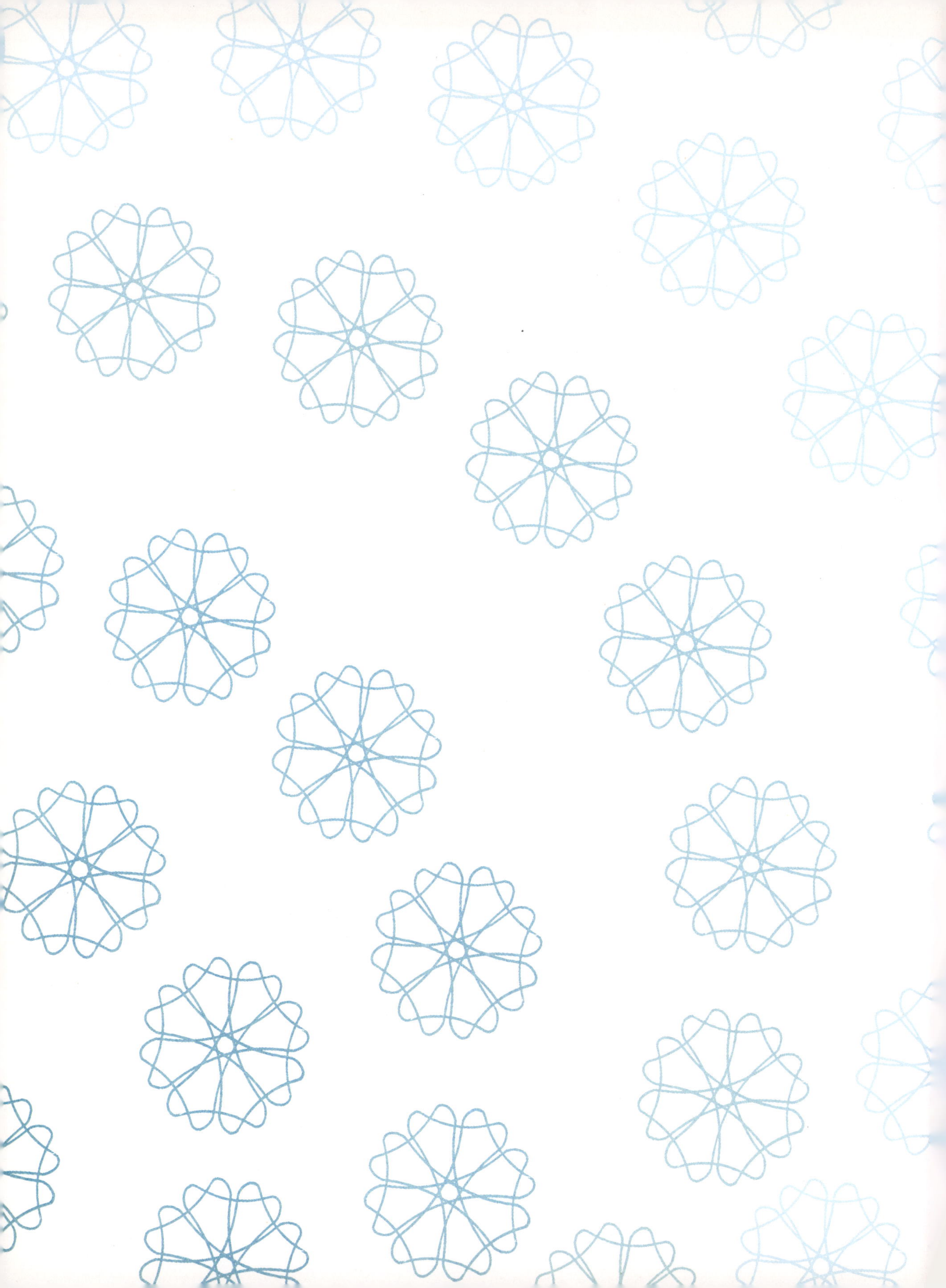

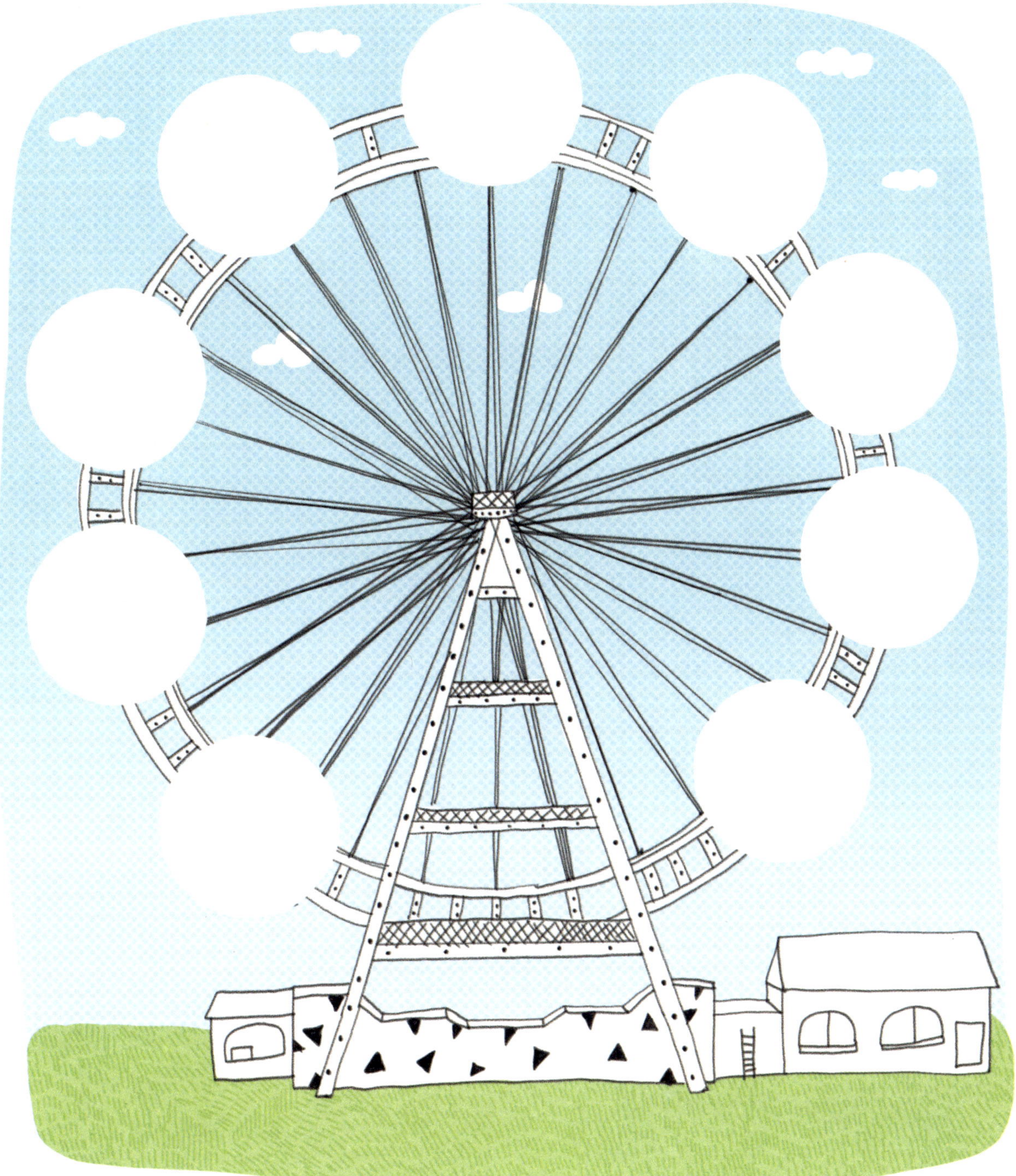

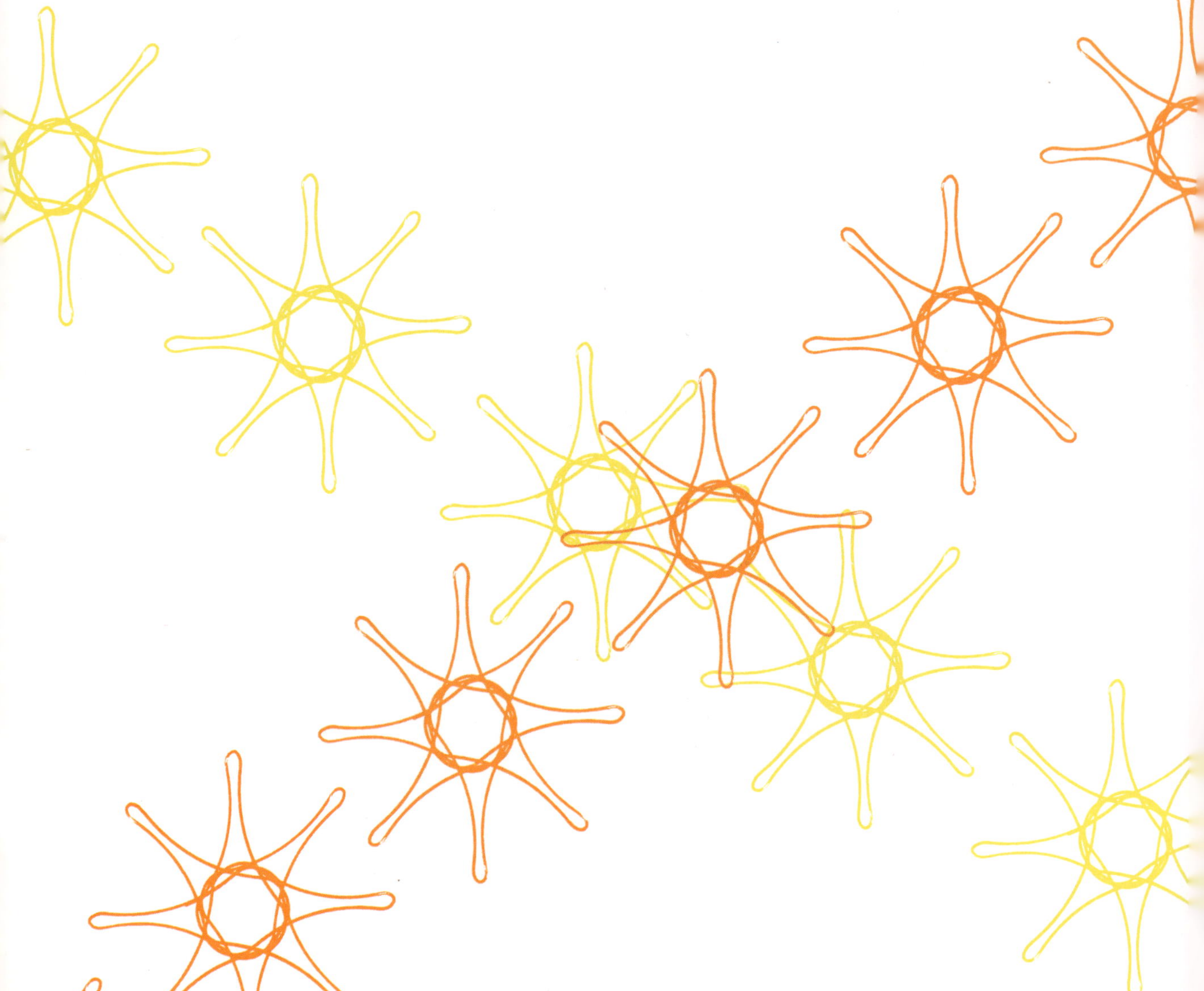

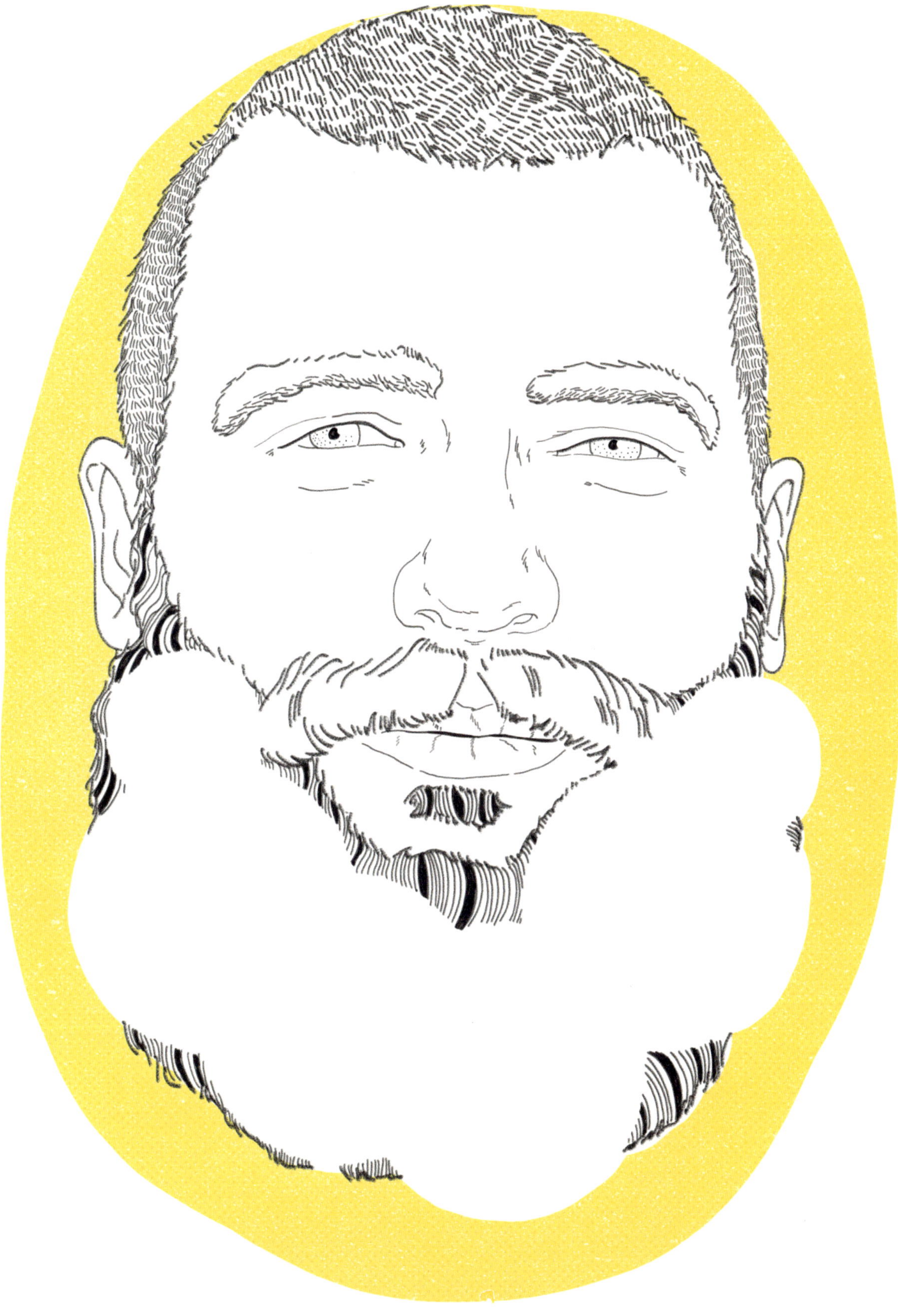

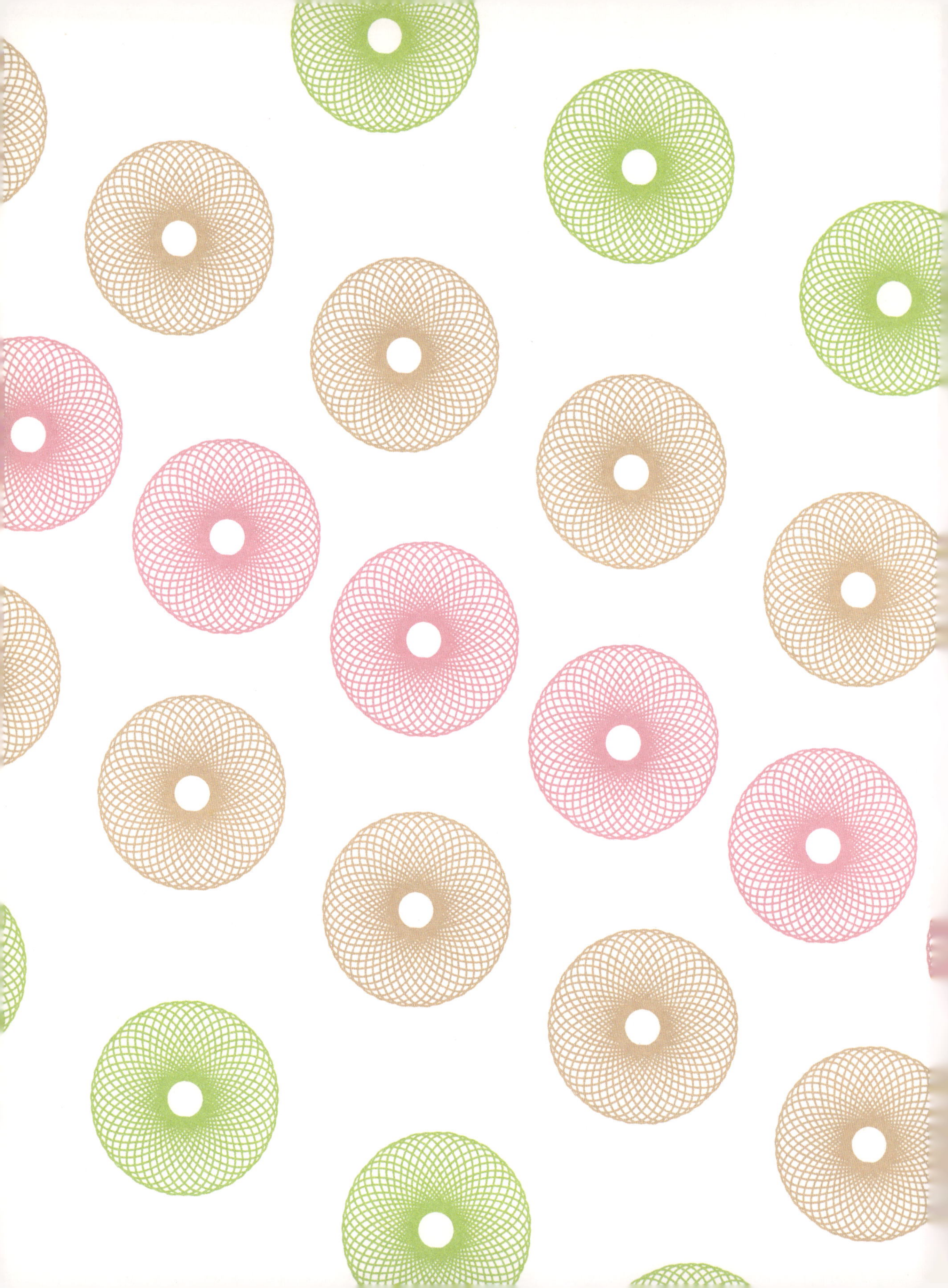

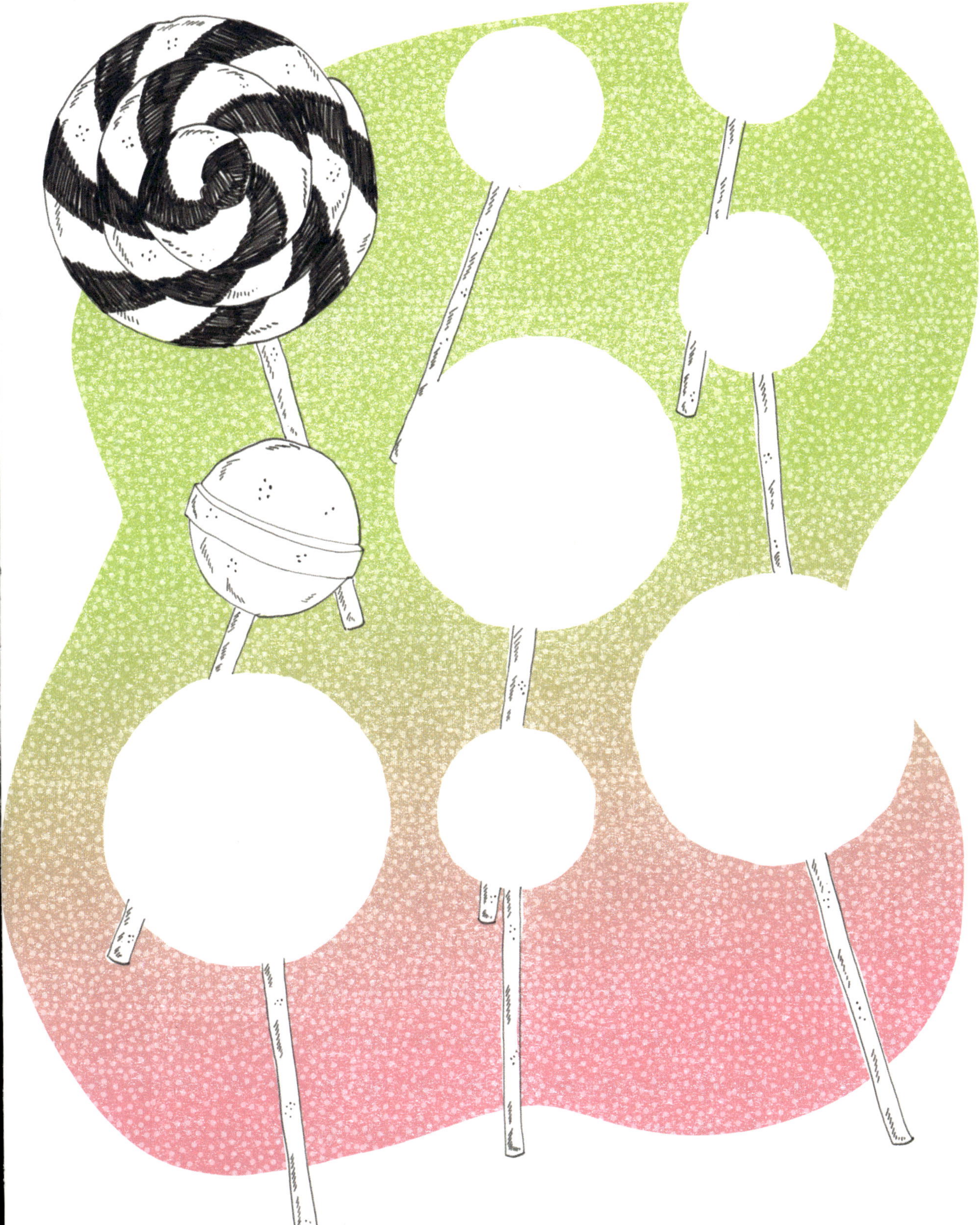

Impressum

ILLUSTRATIONEN: Carina Crenshaw
PRODUKTMANAGEMENT: Franziska Schmidt
LAYOUT UND SATZ: Konstanze Laue
DRUCK UND BINDUNG: Manufactured in China by Imago

1. Auflage 2016

ISBN 978-3-7724-8401-8 • Best.-Nr. 8401

Printed in China